山顶视角

以创造性内容成就卓越领导者

声 明

本书涉及的企业实战案例及其相关数据均为公开渠道获得或经作者处理后予以使用。

极简
市场营销

Minimalist
Marketing

胡超 著

北京联合出版公司

推 荐

江南春
分众传媒董事长

"完整体系源于世界经典,且落地打法经过实战锤炼"是《极简市场营销》的精髓和差异化之处,它非常可能是一本助你成为下一个CMO的案头书。尤其让读者受益的是,在"品牌"和"流量"孰轻孰重并如何协同并进方面,作者给予了前所未有的剖析和实战辅导,不仅有世界级经典理论体系的支撑,也提供了经过规模化中国本土实战检验的实操方法。

袁岳
零点有数董事长

市场营销是如此紧随市场供需的动态变化,以至于我从来不愿意把它看做理论,或者说不怎么相信市场营销的理论在真实的营销操作中有何大用。作为有逻辑、有实操场景、有经验选择和有效果印证的系统动态实践智慧，它比理论更有进化力，它比某个金点子更有系统性，这一点可以从《极简市场营销》中有所佐证。

刘润
润米咨询创始人、"5分钟商学院"主理人、
前微软战略合作总监

与《5分钟商学院》的发心一样，《极简市场营销》将市场营销这门高深的学问用"简明但不简单"的方式呈现出来。作者没有自创体系和花哨的词汇，而是满怀敬畏心，尽力把世界经典理论体系原汁原味且极简地提炼与表达，并附上了经过规模化实战检验的落地方法。这一点难能可贵。

王赛
CEO咨询顾问、《增长五线》作者、
科特勒咨询集团合伙人

市场营销能做到"大道至简"和"登峰造极"，是因为可以把原理与实践知行合一，《极简市场营销》将体系和落地的融合用极好的方式向读者展现出来。

蒋青云
复旦大学管理学院市场营销系主任、教授

《极简市场营销》是一本"拿得起,放得下"的营销入门讲义。说它"拿得起",是说不管你学没学过、做没做过市场营销,读完都可以很快明白市场营销的基本逻辑;说它"放得下",是说你一旦明白了本书介绍的市场营销的基本知识,就会有更大的冲动,去寻找更精深的著作来读。可以说,这本书自身的定位还是比较准确的。

赵雁飞
英国牛津大学商学院副院长、终身教授

成功的市场营销需要的不是随机产生的点子和灵光一现的创意,也不是脱离实践的纸上谈兵,而是需要建基于深厚的理论功底和丰富的实践经验之上,进而将二者有机结合,从而形成一套完整、经得住实战检验的市场营销体系。《极简市场营销》恰到好处地做到了理论与实践的结合,是营销从业人员必备的入门好书。

高锦桥
美国固特异中国区市场营销副总裁

对于职场上升期的营销人,体系与实战,好比鸟的双翼。《极简市场营销》将这双翅膀,用极简的方式,递到受众的手中,让他们能在层见迭出的理论、概念、工具、方法中,厘清思路与打法,提升效率,从而让这群人从"996"中解脱,有时间修炼自己的心智,成为智勇双全的终极营销人!也许这就是作者所发的纯净利他大愿吧!

古里奥
**前奥美副总裁、凯度传播媒介CEO、
知名营销自媒体人**

我跟《极简市场营销》的作者胡超认识的这些年虽不频繁见面,但深知他跟我同属"营销洁癖主义者"。我们扎根营销,相信要做好营销就要明白机理,再累积观察、实践和思考去总结形成自己的认知。《极简市场营销》正是胡超基于理论和实践的营销观。我很庆幸他做了这件事,在自创概念和成功学满天飞的现今商业社会,结构性的观点和思考难能可贵。

简昉
长尚科技创始人、知名财经媒体人与网红营销人

市场营销很难，是因为它时时在变化，是各种市场力量博弈里的冲浪艺术。一定要评选手的高下，一般就看他职业生涯里经历过的投放总金额。胡超的这个数字是50亿元，所以，他的总结和心得，就值这个价。没有实践的理论是空中楼阁，没有理论的实践不可复制。《极简市场营销》恰恰是一个市场营销老手结合了理论与实践的佳作。不来虚的，不讲运气。买一本就是上了一堂50亿元的课。

孙圈圈
圈外同学创始人及CEO

作为一个没有从事过营销工作但因为创业又不得不学习营销的人，这本书帮我建立了营销的知识框架，不以堆积热点概念的方式。营销千变万化，而这本书以万变不离其宗的经典理论，让你能够以不变应万变。

陈万锋
筷子科技创始人及CEO

《极简市场营销》来得及时！现在浮躁的互联网营销人特

别需要回到学习的心态,结合经典营销理论和新营销实战,来建构基于品牌长期愿景,又能适应短期增长需求的建设框架。我希望年轻的原生互联网营销人能读它,真正体会到营销不只是Dashboard(商业智能仪表盘)上跳动的那一个个点击、安装、加购或增粉,而是一次次品牌与消费者和用户的美好连接。这不才是营销真正打动人心的地方吗?

Phoebe Lam
明略科技集团副总裁兼大学院长

胡超的这本《极简市场营销》一点儿都不"简单"。VUCA[1]年代的不可掌控,加上新常态的新机遇,这本"极简"的书来得正合时。"市场营销八大经典模块"概括每位营销人必读神书精髓,并以我们熟悉的中国本土案例阐述,构建市场营销系统性框架,其中的每一篇"干货"更是值得特别推荐。

不管在营销领域拼搏30多年如我,还是准备进入职场的"00后",一本由一位有心人经20多年、共50亿元锤炼而成的好书必定适合你!

---

[1] VUCA 是 Volatility(易变性)、Uncertainty(不确定性)、Complexity(复杂性)、Ambiguity(模糊性)的缩写。VUCA这个术语源于军事用语并在20世纪90年代开始被普遍使用,随后,"VUCA"被战略性商业领袖用来描述已成为"新常态"的、混乱和快速变化的商业环境。

陈传洽
The Trade Desk 中国区总经理、MMA 联合主席

《极简市场营销》是一本十分靠谱的工具书，完美结合了完整理论体系和经实战检验的落地打法。特别是书中的"小澄清"和"干货"部分，尤其难得，市场营销往往会给人忽悠、"嘴皮上的事儿"的感觉，行业中对很多书中提及的观念也有理解误区，而且有时候还有意无意地不去纠错。谢谢作者胡超的真诚，让营销来得更靠谱，为我们营销人创造更好的环境。

目 录

前 言 001

第一章 市场营销管理全局：
八大经典模块，规模化实战必备 013

"市场营销是了解客户需求并满足客户需求"；无论是三年市场营销战略、年度市场营销计划，还是日常具体的市场营销工作，都必然涵盖市场营销管理的八大经典模块。过去几十年，几乎所有的市场营销实战创新和世界级理论进化其实都在这八大模块的框架内！有打法的人很多，但规模化的实战需要掌控完整体系、看清本质、看透全局的高手。

1.1 市场营销的极简定义与全局 016

1.2 八大经典模块之"完整体系"的由来与未来 019

1.3 规模化实战必备：八大经典模块 023

本章要点 027

本章思考 028

第二章　市场洞察：
了解更多、打得更准　　029

没有市场洞察也可以打仗，只是打得没那么准，死得快而已；五个经典洞察模型让我们的市场洞察更结构化更专业。永和大王决定从只卖豆浆油条拓展到也卖饭菜套餐，劲酒决定从大瓶装拓展到"小方劲"瓶装，他们做了什么样的市场洞察？"利用技术手段来追踪"的方式正在取代"向客户提问"成为数据收集的主流手段？市场洞察的本质是：让我们了解更多、打得更准！

2.1　市场洞察其实可以不做？ 032

2.2　洞察什么、结果怎么展示：五个经典模型 034

2.3　市场洞察的数据收集方法和变革 050

本章要点 059

本章思考 060

第三章　客户细分和目标客户选择：
取舍"只服务谁"，给自己一线生机　　061

在高度竞争的时代，决定"只服务谁"让我们因差异化而拥有一席之地成为可能。为何我们不要服务所有客户？为何有一家公司叫奥美互动？为何面对英孚教育，华尔街英语只选择专注商务人群？为何现在我们每次打开天猫看到的产品页面都不一样,并且与爸妈打开天猫看到的产品页面也不一样?

3.1	为什么不能服务"所有"客户?	064
3.2	客户细分和目标客户选择:两步合力回答"只服务谁"	067
3.3	网格模型:客户细分和目标客户选择的实用工具	070
本章要点		074
本章思考		075

第四章 定位:
占领一个差异化的"位置"   077

定位是"在客户心智中,占领一个差异化的位置"。定位可能被行业小白和大咖说"烂"了,有的甚至过于花哨并有误导!有三种经典的定位方式,定位需要"一语中的"说清楚"我是谁、做什么、有何不同"。定位其实是"品牌的定位",让品牌去占领那个差异化的位置。当品牌占领了那个"位置"后,品牌会更强大!

4.1	定位的极简定义:在客户心智中占领一个差异化的位置	080
4.2	三种经典的定位方式和一个定位脑图	082
4.3	定位的希望变成结果:让品牌占领那个"位置"	090
本章要点		092

本章思考 093

第五章　品牌：一个"承诺" 095

"品牌是一个包含功能价值和情感价值的承诺"。为何市场高手的差异化手段都聚焦在情感价值？可口可乐和百事可乐这100年到底在竞争什么？香奈儿卖给你的不是包包，而是你背包时的感觉。让劳斯莱斯的雨伞卖10万元一把的驱动力是什么？为何最大的品牌危机通常都是因为打破了自己的承诺？"承诺"让品牌占领客户心智中的那个"位置"！

5.1	品牌：90%的人"心知肚明"，却说不清	098
5.2	品牌的极简定义：一个"承诺"	100
5.3	为何"承诺"有用且重要	101
5.4	做更"高级"品牌的暗语："不仅仅是……（产品本身）……"	102
5.5	用"品牌价值图"来规划承诺、功能价值和情感价值	104
5.6	英国和美国的情感价值之战："我也很创新"	107
5.7	品牌和商标的关系，为何苹果在中国栽跟头	109
5.8	定位和品牌到底是什么关系	111

本章要点 113
本章思考 115

第六章　市场营销组合 4P：
合力表达并兑现那个"承诺" 117

市场营销组合 4P 是我们向客户表达并兑现品牌"承诺"的手段！产品、价格、渠道和促销的协同关系是 1+1+1+1 大于 4。为何詹姆斯·邦德从来都不开着沃尔沃在伦敦街头飙车？为何香奈儿就是不打折？为何在线教育企业特别喜欢请明星做品牌代言人？

- 6.1　市场营销组合 4P 的使命：合力表达并兑现那个"承诺" 120
- 6.2　组合的魔力和禁忌：1+1+1+1 大于 4，也能等于 0　122
- 6.3　建长板：VIPABC 和 51Talk 的"外教大战"　125
- 6.4　补短板：在线教育的明星代言人大战　129
- 6.5　"更高声量"真有用？！到底固特异和米其林谁更安全　131
- 6.6　市场营销组合模型，驱动"所有人"的战略地图　133
- 6.7　4P 的那些"花哨变种"　135

本章要点　137
本章思考　137

第七章　市场营销组合的第 4 个 P "促销组合"：
传说中的整合营销传播 139

"促销组合"是被误解最多的一个模块，但也是市场营销团队日常花费精力最多、财务资源消耗最多的模块；几乎所有的市场相关创新和迭代都与它相关；我过去 20 多年 50 亿元的市场花费中绝大部分其实都放进了这个领域。整合营销传播是将传统广告、数字营销、公共关系和销售促销这四类传播工具整合；过去 100 年传播工具的创新持续不断，比如报纸、电台、杂志、电视、户外大牌广告、公交车身广告、电梯广告、搜索引擎、社交媒体、互联网电视、短视频、直播……面对层出不穷的新工具、概念和说法，我们如何看清其本质并有效运用？

7.1	促销组合：传说中的"整合营销传播"	142
7.2	整合营销传播的原理和基本功：这四类传播工具的整合	145
7.3	宝洁引领的整合营销传播实战迭代：POES模型	151
7.4	CMO秘方：品牌型广告与流量型广告配比是6∶4还是8∶2？	156
7.5	整合营销传播创新驱动了"人"和"钱"的分配迭代	167

本章要点　　　　　　　　　　　　　　　　　　　173
本章思考　　　　　　　　　　　　　　　　　　　175

第八章　黑客增长：
用"试验"驱动五种增长　　　　　　　　　177

从2018年开始，不提"黑客增长"或"用户增长"都不好意思跟人打招呼！黑客增长的本质是用高速度、跨职能的试验驱动AARRR五种增长，推动客户生命周期价值最大化。"黑客增长"对销售额的贡献惊人，其贡献占比已超过50%，但黑客增长远不止于微信群运营，黑客增长也不能取代广告投放，黑客增长的机会点会发生在客户全生命周期的所有环节中！

8.1	黑客增长的本质：用高速度、跨职能的试验来驱动五种增长	180
8.2	用试验驱动五种增长：AARRR	182
8.3	黑客增长的爆款玩法"养鱼再钓鱼"	184
8.4	试验方向不止于社群运营以及试验的成败关键	187
8.5	有黑客增长，难道还需要投广告？	195
8.6	黑客增长的团队设置和第一负责人	198
本章要点		200
本章思考		201

第九章 市场营销工作的量化指标与结果追踪　203

市场营销工作应该设定什么目标、干出什么结果？每月几百万甚至数亿元的市场预算和销售业绩结果数据应该被什么样的数据漏斗和报表体系来管理和报告？营销人都是天生的"表哥"和"表姐"，谁还不会搞些报表？但90%的企业都有两个致命的问题！

9.1	市场营销工作"导航系统"：顶层量化指标、市场营销部内关键指标漏斗	205
9.2	"杀手级"的六套市场营销数据报表	209
9.3	90%的企业都会算错的转化率和ROI	223
本章要点		231

本章思考　　　　　　　　　　　　　　　　　　232

第十章　市场营销团队架构与考核指标　　　235

很神奇！几乎所有的经典市场营销理论和实战著作中都只说了市场营销应该怎么做，而没有具体说明市场营销的团队架构与考核。一个完整而有战斗力的市场营销团队到底应该由哪些子部门组成，互相之间应该怎么配合？怎么考核他们？为何现在的市场营销团队动不动就是几十人，甚至过百人？另外，还有多年困扰营销人的问题是市场营销团队应该扛销售指标吗？为什么市场营销团队经常和销售团队"打架"？为何每次公司考虑砍人砍钱的时候，会更容易想到从市场营销团队动手？

10.1　团队架构：10多个子团队，各种"工匠"聚集　　　238
10.2　子团队和人数的变迁　　　244
10.3　团队考核指标：三大指标、与销售团队"穿一条裤子"　　　250
本章要点　　　256
本章思考　　　257

附录一　市场营销专业词汇清单（中英文对照）　　　259
附录二　十个重要而常用的市场营销模型　　　261
后　记　　　273

前　言

大　愿

几乎每个人都能提出一些点子和创意，因而很少有人会觉得自己不懂市场营销。我也曾经相信自己的想法很多、创意无限，对市场营销有非常多的见解，所以在2000年以前，我就在核心期刊上发表了很多市场营销方面的文章，其中一篇是于1997年在《商业研究》杂志发表的《突破传统6P：文化营销》。显然我是想挑战由菲利普·科特勒教授于20世纪80年代提出的6P[1]。而6P是菲利普·科特勒教授意图用来迭代由杰罗

---

[1] 美国密歇根大学教授杰罗姆·麦卡锡于20世纪60年代提出了由产品（Product）、价格（Price）、渠道（Place）、促销（Promotion）组成的市场营销组合4P。6P是美国西北大学教授菲利普·科特勒在20世纪80年代提出的。6P在4P的基础上新增了两个P：政治力量（Political Power）与公共关系（Public Relations）。

姆·麦卡锡教授于20世纪60年代提出的4P——大家耳熟能详的产品、价格、渠道和促销。那时我是一名大学三年级的学生。后来我笑着调侃那个时候的自己是年轻无畏。

1999年的夏天，从北京朝阳区霞光里开出来一辆黑色的桑塔纳。袁岳[1]先生一边开车一边对我说"市场营销不是一些点子，也不仅是一些创意……"。

后来，我沉默了20多年！

从2000年到2020年，我没有发表过一篇关于市场营销的"文字"。在市场营销领域干过20多年、花过50亿元之后，也就是在2020年初我决定提炼出一本书《极简市场营销》，"简"的含义是大道至简、简明但不简单！这本书被定位为："做好市场营销的第一本书"。

点子和创意满天飞，但营销人普遍有两大痛点：一是缺乏"完整的体系"，二是缺乏"落地的打法"！能讲出一些点子和实战打法的人很多，但能同时厘清完整体系的则目前尚少。你可能手上也有一些实战打法，但层出不穷的新打法是不是让你有点追赶不上？甚至你可能心里还隐隐作痛，因为每天打得忙忙碌碌、晕头转向……面对规模化的实战，我们需要同时掌握"完整的体系"和"落地的打法"。

市面上有很多市场营销的书和理论，它们可能各自覆盖

---

[1] 袁岳：零点有数创始人和董事长，知名电视节目《头脑风暴》的主持人，也是我职业生涯第一份工作的领导和导师。

了某些模块或者某些角度，即使花很多时间去阅读去学习，你可能也难以总结归纳成"被串起来的完整体系"；有实战经验的人每天都在忙着战斗，而有时间写各种专业书籍、做各种讲座的老师们，却可能没有规模化的实战经验。这是当前市场营销知识领域的尴尬。

我过去带领过的市场营销团队人数规模从几人到几百人不等，为了招募迭代团队也累计面试了数千人。因而我发现了一个非常有趣也让人担忧的现象：无论是资深还是资浅的市场营销人士，如果被问及什么是市场营销，什么是品牌，什么是整合营销传播，市场营销组合与整合营销传播有什么区别，90%以上的人给出的回答都非常有失水准。

求真知的心，谁没有呢？一直都有很多同事和朋友让我推荐市场营销方面的书籍给他们阅读。因为希望大家在有限的时间内看到"正见""最经典"，所以在精心挑选之后，我会按照优先顺序推荐五本世界级经典著作：菲利普·科特勒的《营销管理》[1]、艾·里斯和杰克·特劳特的《定位：争夺用户心智的战争》、唐·舒尔茨的《整合营销传播》、维克托·迈尔-舍恩伯格和肯尼思·库克耶的《大数据时代》、肖恩·埃利斯和

---

[1] 市面上流行的菲利普·科特勒的著作有若干部，*Marketing Management* 是最经典的一部。它的中文翻译版本是《营销管理》，该英文原版和中文翻译版本都已经出了第15版。考虑到中国境内的文字环境和 Marketing 这个词的原意，我本人认为如果该书名被翻译成《市场营销管理》则更贴切。建议有一定英文阅读能力的读者可直接阅读英文原版。

摩根·布朗的《黑客增长》(*Hacking Growth*)[1]。我建议他们读完一本，然后按照上面的顺序依次再进入下一本。但如果只推荐一本，那当然是菲利普·科特勒的《营销管理》，因为这几乎是全球市场营销人士的"红宝书"。

你也可能会质疑为何需要从国外的理论中找"正见"和"经典"，难道中国没有吗？市场营销（Marketing）这个学科确实起源于国外，并且几乎所有的关键理论比如市场营销组合4P、定位、品牌、整合营销传播、大数据，甚至是最近三年风靡世界（当然包括中国市场）的黑客增长等全部都源自欧洲和北美国家的顶尖学者和企业家。如果把国内高校和书店中盛行的中文版市场营销书籍摸索一遍，它们要么是直接从英文原版翻译而来的中文版，要么经追根溯源发现其实质内容就是国外的那些经典理论。所以，时间宝贵，既然要搞清楚，那就直接看源头吧。

然而，我慢慢发现，即使是只读菲利普·科特勒的这一本《营销管理》，虽然有经典而完整的体系，虽然也有很多的案例，但其内容的长度和深度对于大多数人而言太难了，距离我们的本土实战也比较远！

好吧！那我来为自己、为身边的同事，也为工作经验在1年到8年之间的市场营销人士来极简梳理市场营销的完整体系和落地打法。这是我写《极简市场营销》的发心和初衷。一位

---

[1] 此书中文版本名为《增长黑客》，但考虑其原意，我认为该书名翻译成《黑客增长》更贴切，不易误解。所以后文提及此书时均为《黑客增长》。

好友一语点破"天机":"在实战方面比你厉害的人,可能根本没时间写这样的一本书;在理论方面比你厉害的人,可能没有规模化的实战经验。"这是对我的极大鞭策,也让我升起了使命感,激励我发大愿。

怀着谦恭心和敬畏心,过去20多年,我(帮你)反复阅读了那些经典理论家的书,并且还让这些理论在我20多年50亿元的实战中得以锤炼和提炼。我从乙方公司和甲方公司两个角度做过市场营销工作,并且在国际化大企业、小规模创业公司、明星独角兽创业公司[1]都做过市场营销第一负责人CMO(首席营销官)的角色。因为我是科班背景的实战派,或者说是专业背景的实战派,所以我可以帮你节省时间,少走弯路,直通罗马!我希望留给自己和带给大家的是源自世界经典、经过实战检验的"完整体系",并且还有亲身经历、源自中国实战的"落地打法"。

极 简

为什么是《极简市场营销》?大道至简!简在此的含义是简明而不简单。营销人都很忙,并且每天接收大量的信息,所以我们只用最精练的语言来表达。

市场营销的极简【定义】是"了解客户需求并满足客户需

---

[1] 独角兽公司一般指投资界对于10亿美元以上估值,并且创办时间相对较短(一般为10年内)还未上市的公司的称谓。

求"[1]。看似这么简单的一句话却很不简单,它慢慢催生了大学里的一门学科、个人职业发展的一种专业技能、公司里的一个重要部门,它背后出现了一套理论体系、实干工具和落地打法。

作为科班背景的实战派,当面对市场营销时,我的内心天然有一股力量想搞清楚,并向身边的同事和CXO[2]们用"极简"的方式来表达清楚市场营销"是什么""为什么"和"怎么做",这不仅要有完整体系,还需要有落地打法。

经过对世界级经典理论的研修积累和20多年50亿元的规模化实战锤炼,我提炼出了以"市场营销管理八大经典模块"为基础的完整体系,用以掌控市场营销管理的全局。除了在每个模块内给大家介绍经中国本土实战检验的"落地打法",还为营销人准备了杀手级的"六套市场营销数据报表"(见第九章)和"十个重要且常用的市场营销模型"(见附录二)。

<u>八大模块具体指:市场洞察、客户细分、目标客户选择、定位与品牌、市场营销组合、量化指标与结果追踪、团队架构与考核指标、黑客增长</u>。这八大模块中的前四个模块,也就是"市场洞察""客户细分""目标客户选择"和"定位与品牌"是市场工作的"<u>前半段</u>",这一段是在"<u>了解客户需求</u>":

---

[1] 市面上有很多版本关于市场营销的定义,但这个定义应该是最权威和最被广泛认可的。在菲利普·科特勒的《营销管理》(*Marketing Management*)第15版及之前版本中也提及了上述定义。

[2] CXO:泛指CEO(首席执行官)、COO(首席运营官)、CFO(首席财务官)、CIO(首席信息官)、CTO(首席技术官)、CMO(首席营销官)等。

分析并决定为哪些客户提供什么样的差异化定位和（与定位对应的）品牌；而这八大模块中的后四个模块"市场营销组合""量化指标与结果追踪""团队架构与考核指标""黑客增长"是市场工作的"后半段"，这一段就是在付诸行动"满足客户需求"：做出那个"品牌"，向客户表达并兑现我们的承诺。

本书十个章节中的每个章节按照先后顺序对应了八大模块中的每个模块。第一章是对八大模块的总结，算是全书的"总起"，然后每一章依次梳理一个模块。"唯一的例外"是，第四模块中的定位与品牌这两者都太重要了，所以定位被放在了第四章，而品牌被单独放进了第五章；同时，市场营销组合4P中的整合营销传播（第4个P）很重要且内容量超大，企业的市场花费基本都聚集于此，所以在第六章梳理完市场营销组合4P之后，第七章被单独用来详述整合营销传播。

"市场营销管理八大经典模块"由我本人最先提炼而出并倡导实战应用，但它源自世界级经典理论，并经过实战锤炼：过往每个理论家都会按照自己的节奏和侧重点来叙述他们的理论，虽然"八大模块"这样的字眼没有被明确提出来，但它们一直都存在于（或隐藏在）世界级经典的著作中。比如，菲利普·科特勒的《营销管理》和唐·舒尔茨的《整合营销传播》的内容都已经覆盖了八大模块中的前七个，但因为出于学术目的，所以它们的内容覆盖更多更复杂。也因为时代的原因，"黑客增长"并没有出现在理论家前辈们的著作中，而是于2017

年正式出现并开始融入理论体系和实战中成为第八模块。另外，虽然前辈理论家的著作中都涉及了市场营销相关的"量化指标与结果追踪""团队架构与考核指标"，但可能因为他们的学院派背景，所以在这两方面的内容都不够深入，也不够具体，而这两模块的内容恰恰因为我的20多年50亿元实战背景在本书中变得非常夯实且实用。

刨去纷繁复杂，八大模块就像鱼骨用极简的方式贯穿了市场营销管理的完整体系，八大模块对处于实战环境下的市场营销团队而言就像一个极简鱼骨地图（八大经典模块的图形详见第一章）。它明确了市场营销管理应该覆盖的八件重要事情，并且这八个模块之间的先后顺序基本就是市场营销工作从头到尾的顺序。无论是写三年市场营销战略、年度市场营销计划，还是日常具体的市场营销工作，都必然涵盖市场营销管理的八大经典模块，甚至这八大模块就是《市场营销战略》和《市场营销计划》的内容主线和内容目录（Content Table）[1]。对于刚起步的公司而言，市场营销工作基本就是先第一个模块、再第二个模块、然后第三个模块……依次进行到第八个模块，之后依此循环并持续优化每一个模块。而对于已经初具规模的公司而

---

[1] 非常多的营销人在如何撰写一份专业的《市场营销战略》和《市场营销计划》方面存在疑惑。如果在此两份文件中将八大模块作为内容主线和内容目录，且逐一梳理阐明，则此两份重要的工作文档可到达专业而完整的高度。虽然《市场营销战略》侧重未来三到五年，甚至更长远，而《市场营销计划》侧重未来一个年度、季度或月度，但它们都需要关注八大模块。

言,这八个模块相关的全部或者部分工作必然已经开始做了,如果这些工作能用八大模块的逻辑和方法来管理则会更专业、有序和高效。

第一本书

《极简市场营销》被定位为"做好市场营销的第一本书"。从这里出发,手握完整体系和落地打法,你可以成为一名合格而有潜质的市场营销的从业者,无论是一线工作者还是管理者。我自己和下属市场营销团队成员的亲身经历是最好的佐证。

同样重要的是,这"第一本书"为你永久打开了一扇门——通往市场营销的过去、现在和未来的那一扇门。因为胸怀源于世界经典的完整体系,对市场营销有全局观和通透感,所以你后续可以更加自信地深入阅读研究那些世界级的专项理论:

20世纪60年代,美国西北大学教授菲利普·科特勒的经典著作《营销管理》概括了全局;同样是60年代,美国密歇根大学教授杰罗姆·麦卡锡在《基础营销学》中提出了市场营销组合4P;70年代,艾·里斯和杰克·特劳特发表"定位"相关的系列文章,并于80年代出版《定位:争夺用户心智的战争》;90年代,美国西北大学教授唐·舒尔茨发表了《整合营销传播》;2013年,英国牛津大学教授维克托·迈尔-舍恩伯格和肯尼思·库克耶出版了《大数据时代》，虽然"市场洞察"早从20世纪60年代开始就在市场营销管理的全局中有一席之地，但大数据让市场洞察有了新的思路和能力；2017年开始，来自美国加州的互联网成功创业者肖恩·埃利斯和摩根·布朗出版了《黑客增长》等。

上述经典理论中，很多是20世纪60年代到90年代就提出的，只有大数据和黑客增长是最近几年提出来的。但我们不必担心它们过时了，随着时间的推移，这些理论其实也在进化，比如菲利普·科特勒的经典著作《营销管理》已经迭代到第15版了；唐·舒尔茨的《整合营销传播》每隔几年也会更新一个版本，以跟上时代的变化；最近若干年它们逐渐加入了中国市场、数字营销、互联网+、社交媒体、大数据等新时代的元素。

非常有趣，回看最近几十年发生的几乎所有理论和实践创新都在这八大模块的范围之内。我们可以大胆预测，在未来的数十年，即使会被小幅度地迭代，"市场营销管理的八大经典模块"也会作为市场营销管理全局的地位一直存在，并有效运转。也就是《极简市场营销》这个"第一本书"能助你一路远航。

巧 读

2004年，我从英国伦敦政治经济学院毕业回国。在之后几年内我都不想吃汉堡包，并且不太敢"看书"。因为商业人物传记和企业发展历程是历史事实型的内容，比较客观有据，所以我回国后读了很多商业领袖的人物传记，比如马云传、马化腾传、张朝阳传、李彦宏传、杰克·韦尔奇传、刘强东传；也读了很多成功企业的成长历程，比如谷歌、海底捞、腾讯、阿里巴巴、百度、京东、国美和当当等。但我面对市场营销专业书籍的时候，真的有点"畏首畏尾"，不敢开卷阅读，除非是国外经典著作的中文翻译本。因为关于市场营销的基础理论和关键要点的"是什么""为什么""怎么做"方面，很多书籍都有一些不严谨、不完整、过多带个人色彩的解读、不断用新词来标新立异和掩盖创新不足，甚至误导的问题。

所以，本书的每一个章节都是按照"是什么""为什么"和"怎么做"的逻辑来推进，且让每一部分都尽量客观有据、逻辑清晰、有经典理论体系、有落地打法。其中，在"是什么"中，我尽量让每章从一个极简定义开头，并且这个定义是源自世界经典并且绝对权威的定义。同时每个关键术语都会给出其英文原文和正确的中文翻译，因为到目前为止，几乎所有的市场营销经典术语都是来自国外经典理论中的英文术语。在"为什么"和"怎么做"中我会尽量用我本人过去20多年亲身经历的实战案例或者就在身边近距离发生的实战案例，基本回避了那些"教科书中的常用案例"，以避免案例的年代久远和不接地气。

因为兴趣，同时也受迫于学业的压力，我在英国伦敦政治经济学院和伯明翰大学的求学过程中看了太多书,最高记录是一天阅读六本书。这么高的阅读强度需要快速阅读并快速抓取关键信息的方法,所以我也养成了在拿起书的时候就先花时间把目录研究透彻的习惯。为了方便大家阅读,便于大家快速抓住关键信息,本书的目录经过精心雕琢,甚至每章节和每小节的目录名称就是每章节和每小节的大意。所以,<u>建议你开始阅读正文之前,先仔细阅读目录</u>,你看完目录的时候就已经对本书有了全局观,也对市场营销管理八大经典模块的完整体系有了全局观,并且已经掌握大部分的要点了。然后你再从头开始往后逐一章节深入详读。即使在读完此书的若干月或若干年之后,你也可以把它当作市场营销的<u>工具书或词典来查询</u>。当遇到具体问题点的时候,可以从目录找到切入口,然后就某一个问题点深入阅读。

　　为了方便读者阅读理解、做笔记和后续查询,文中的关键内容都被加上了【定义】、【案例】、【小澄清】和【干货】这四种标签,并且在重点语句上加了下划线。【定义】和【案例】顾名思义;【小澄清】是我在文中借机指出非常重要但经常被误解或混淆的要点;【干货】则提供的是我本人在实战中积累的超级受用的感悟和工具方法等。

　　最后,希望《极简市场营销》成为你"<u>做好市场营销的第一本书</u>",也希望是助你成为下一个CMO的案头书!

第一章 市场营销管理全局：
八大经典模块，规模化实战必备

"市场营销是了解客户需求并满足客户需求"；无论是三年市场营销战略、年度市场营销计划，还是日常具体的市场营销工作，都必然涵盖市场营销管理的八大经典模块。过去几十年，几乎所有的市场营销实战创新和世界级理论进化其实都在这八大模块的框架内！有打法的人很多，但规模化的实战需要掌控完整体系、看清本质、看透全局的高手。

> 【本章节涉及的人名及机构名称】
>
> 菲利普·科特勒、杰罗姆·麦卡锡、艾·里斯、杰克·特劳特、唐·舒尔茨、维克托·迈尔-舍恩伯格、肯尼思·库克耶、肖恩·埃利斯、摩根·布朗、英国伦敦政治经济学院、英国伯明翰大学、美国西北大学、美国密歇根大学和英国牛津大学等。

"市场营销"是最具有创意和激情的商业领域之一。几乎所有人都懂一些市场营销知识，但市场营销不是一些点子，也不仅是一些创意，而是一套思考和解决问题的方法和工具体系。

我们的开篇章节为大家梳理市场营销管理的全局，帮助大家站在"山顶上"对市场营销管理的"完整体系"拥有一个通透的、全景的认识。如果看透了市场营销管理的全局，你能对市场营销工作应该"主要关注什么""先做什么后做什么""发力点在哪里"，并"如何利用市场营销来赢得客户打败对手"了然于胸。

实际上，能讲出一些实战打法的人很多，但如果没有心怀市场营销管理的全局（完整体系），我们很可能会被层出不穷的新打法和新概念搞得眼花缭乱、晕头转向。在规模化的市场营销实战中，一套完整体系能帮助市场营销人员在面对"钱、人、事"时，系统化地提升战斗力和抗击风险能力。试问谁会放心地将动则年度数千万元、数亿元的市场营销资源交给一些"零散的点子和打法"呢？

我曾经遇到过一个很有趣的场景：在我面试一个过往年薪百万的候选人的时候，她说过去的职业生涯只做了公关，而未来想同时做"公关"和"市场"，这样的表达其实代表的是很多人对市场营销全局的不理解[1]；类似的问题和场景还有很多。如果看透了市场营销管理的全局，我们就不会有这样的"不理解"，并且当遇到下面这些问题的时候，也会更容易找到答案：比如学"市场营销"到底要学什么？每天的市场营销工作到底该干些什么事情？做市场营销战略和市场营销计划应该分别包含哪些模块？市场营销组合与整合营销传播有什么区别？市场营销的钱到底应该花在哪里？黑客增长到底解决了什么问题？

1.1 市场营销的极简定义与全局

市场营销是最近一百年内才出现的独立学科和专业，几乎所有重要的世界级市场营销理论都是在最近一百年内，尤其是20世纪50年代后出现的。我在2001年申请到英国和美国求

---

1 "公共关系"是整合营销传播的四类传播工具之一，整合营销传播是市场营销组合4P中的一部分，而市场营销组合4P是市场营销管理全局（八大模块）中的一部分（模块五）。当事人应该是没厘清这样的子母逻辑关系，所以才会说"未来想同时做公关和市场"。在"市场营销管理八大经典模块"的图形中可以看到上述子母逻辑关系，本书第七章会详述整合营销传播与其下属的公共关系。

学的时候，英国排名前20名和美国排名前20名的大学中，只有少数大学把市场营销作为独立的学科专业，而20年后的现在则是绝大多数大学都设立了这个学科专业。

在人类的历史中，无论是否有正式的企业形式，生产和销售产品给客户的交易一直都在发生。市场营销的出现是为了让交易更高效，因为市场营销让我们关注客户！

市场营销的极简【定义】是：了解客户需求并满足客户需求（Marketing is identifying and meeting consumer needs）。"了解并满足客户需求"很不简单，它慢慢催生了大学里的一门学科、个人职业发展的一种专业技能、公司里的一个重要部门，它背后出现了一套理论体系、实干工具和落地打法。

如果用一段话来概述，市场营销全局有哪些工作模块以及我们的市场工作应该主要干些什么呢？市场营销管理有八大经典模块，它们是：市场洞察、客户细分、目标客户选择、定位与品牌、市场营销组合、量化指标与结果追踪、团队架构与考核指标、黑客增长。用大白话将八大经典模块串联起来，是这样的：

模块一：通过"市场洞察"了解宏观环境、了解行业、了解竞争者和了解客户。

模块二：进行"客户细分"，因为客户是多样化的。

模块三：从若干客户细分市场中找到最有利的一个或几个

部分,也就是进行"目标客户选择",决定我们只服务谁。因为我们的能力是有局限的,所以我们锁定一个(或几个)客户领域让自己的能力发挥到极致,让自己有绝对竞争力。

模块四:确定我们要占领客户心智中的哪个位置,也就是"定位";同时,为了实现占领这个有差异化的位置,我们决定具体给客户什么样的包含功能利益和情感利益的承诺,也就是我们的"品牌"承诺。

模块五:通过"市场营销组合"来表达并兑现我们的品牌对应的承诺。市场营销组合,也就是大家熟知的4P,包含产品、价格、渠道和促销。

模块六:"量化指标与结果追踪",是为市场营销工作建立导航系统,设定目标、追踪过程和结果。

模块七:"团队架构与考核指标",是为市场营销工作建立对的团队,并用对的考核指标激发团队使命必达。

模块八:"黑客增长",是用高速度、跨职能的试验来驱动增长,来提升所有市场营销工作环节的效率。

八大经典模块是市场营销管理的全局,也就是我们说的市场营销管理的完整体系。那这套体系到底是怎么产生和进化而来的呢?

1.2　八大经典模块之"完整体系"的由来与未来

回看过去几十年,很多在市场营销领域有全球影响力的大神级人物从不同角度和深度共同推动了这八大模块的形成和进化。

20世纪60年代,美国西北大学教授菲利普·科特勒的经典著作《营销管理》概括了市场营销管理全局,他推动的是大家对市场营销管理的体系化认知和全局思维,所以科特勒的这本著作也几乎是营销人的"红宝书"。除了"模块八:黑客增长",八大模块中的前七个其实已经出现在了菲利普·科特勒的完整体系中,并且市场洞察、客户细分、目标客户选择、定位与品牌和市场营销组合这前五个模块都被着以重墨。虽然没有直接提出八大经典模块这样的概念,但菲利普·科特勒为"八大经典模块"的大局奠定了基础。

同样是60年代,美国密歇根大学教授杰罗姆·麦卡锡提出了"产品、价格、渠道、促销"组成的市场营销组合。产品(Product)、价格(Price)、渠道(Place)、促销(Promotion)这四个词的英文字头都是P,于是就有了几乎所有市场人都耳熟能详的4P理论。

70年代,来自美国、共同拥有通用电气公司市场营销部门工作经验的营销战略家艾·里斯和杰克·特劳特是"定位"理论的发起人,他们进一步推动了模块四"定位与品牌"的发展和升级。

90年代,美国西北大学教授唐·舒尔茨是"整合营销传播"的奠基人,他所专注研究的领域就是"模块五:市场营销组合"中的第4个P——促销(Promotion)。本章开头提到的那个过往年薪百万的公关总监候选人所做的"公关"工作其实是整合营销传播的四类工具之一(第七章会详述整合营销传播)。

2013年,英国牛津大学教授维克托·迈尔–舍恩伯格和肯尼思·库克耶是"大数据"概念的发起人。虽然"市场洞察"从20世纪60年代开始就在市场营销管理的全局中有一席之地,但"大数据"让"模块一:市场洞察"有了新的思路和能力。当然大数据的应用也会涉及并帮助到八大模块中的所有模块。

2017年,来自美国加州的互联网成功创业者肖恩·埃利斯和摩根·布朗是"黑客增长"理论的发起人,他们在七大模块之外建立了市场营销的第八个模块——"黑客增长"。

上述六股对市场营销全局有深刻影响的力量中,只有20世纪70年代"定位"的发起人和21世纪10年代"黑客增长"的发起人不是出身于学院派,而是绝对的实战派代表。"定位"的出现是为了提升"品牌"的生产力,"黑客增长"的出现是为了提升市场营销所有环节的生产力(第四章和第八章会详述)。所以,看上去是学院派在持续建基础体系,而实战派从实战的角度出发不断加入"推进剂"来提升基础体系的生产力。

当然,你可能心里正在打鼓,大数据和黑客增长的概念是最近几年提出来的，应该是与时俱进并适用于当下的，而20世纪60年代到90年代就提出的市场营销管理、定位和整合营销传播会不会已经过时了？答案是NO（不）！

随着时间的推移，这些理论其实也在进化，比如菲利普·科特勒的经典著作《营销管理》已经出了第15版了；唐·舒尔茨的《整合营销传播》每隔几年也会更新一个版本，以跟上时代的变化，最近若干年它们逐渐加入了中国市场、数字营销、互联网+、社交媒体、大数据等新时代的元素。

基于对菲利普·科特勒的市场营销管理大局的理解，经过对上述所有经典理论的梳理和归纳，再加上历经了20多年花费50亿元市场预算的实战锤炼，我提炼出了市场营销管理的八大经典模块，并把这八大模块组织起来画进了一个图形里面（见图1-1），市场营销圈内也将其命名为"市场营销管理八大经典模块"。这个图能帮助我们鸟瞰市场营销管理的全局（完整体系），也能被用来帮助和指导市场营销团队开展日常工作。

【干货】

从20世纪60年代菲利普·科特勒的缘起直到21世纪10年代，八大经典模块中的前七大模块其实一直都在高效运转，只是到了2017年黑客增长模块才新加入进来。非常有趣，回看过去几十年，几乎所有的市场营销实战创新和世界级理论进

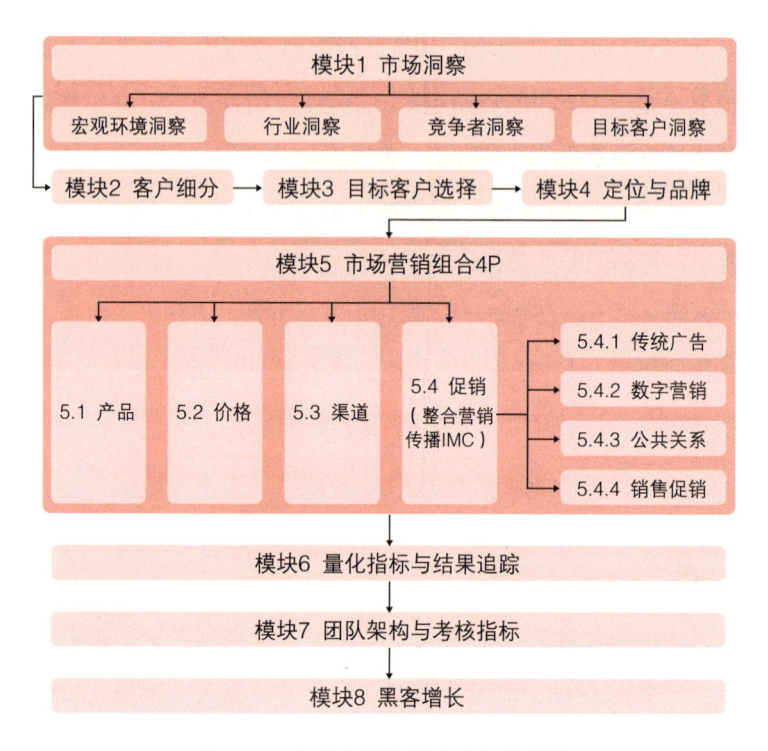

```
┌─────────────────────────────────────────────────┐
│              模块1 市场洞察                      │
├──────────┬──────────┬──────────┬───────────────┤
│宏观环境洞察│ 行业洞察 │竞争者洞察│ 目标客户洞察  │
└──────────┴──────────┴──────────┴───────────────┘
```

模块2 客户细分 → 模块3 目标客户选择 → 模块4 定位与品牌

模块5 市场营销组合4P

| 5.1 产品 | 5.2 价格 | 5.3 渠道 | 5.4 促销（整合营销传播IMC） |

- 5.4.1 传统广告
- 5.4.2 数字营销
- 5.4.3 公共关系
- 5.4.4 销售促销

模块6 量化指标与结果追踪

模块7 团队架构与考核指标

模块8 黑客增长

图1-1 市场营销管理八大经典模块

化其实都在这八大模块的框架内！我们可以大胆预测，在未来的数十年，即使会被小幅度地迭代，"市场营销管理八大经典模块"也会作为市场营销管理全局的地位一直存在，并有效运转。这个由八大经典模块构建的完整体系的终极目标是为了系统化、高效地开展市场营销工作——"了解客户需求，满足客户需求"！

当梳理到这儿，我相信你跟我一样对市场营销管理的全局有很通透的感觉。尤其是当面对层出不穷的理论、概念和工具摆在自己面前的时候，我们也可以淡定地看清市场营销的本质和全局。非常幸运的是我在英国伦敦政治经济学院和伯明翰大学的学习经历，让我有机会接触到市场营销领域最源头的理论家和实干家，接触到最经典而完整的体系，给了我对市场营销的全局观和自信，并且为我永久打开了一扇门——通往市场营销的过去、现在和未来的那一扇门。我也希望你能与我携手走进这一扇门！

1.3 规模化实战必备：八大经典模块

如果没有"八大经典模块"的完整体系作为支撑，我们可以打仗吗？当然可以！只是我们能够承担的实战规模有限，并且杀伤力和效率可能也有限。

中国十大开国元帅都是从零战斗经验开始的。虽然他们被认为是擅长游击战、农村包围城市的"土将军"，但其实他们中的八位有军校科班背景，且八位中的五位出于黄埔军校。如果你在领英（LinkedIn）上查询国内和国外在市场营销方面有建树的大企业的市场营销负责人（和主要成员），会发现大部分都有市场营销专业（或相关）的教育背景。无论是规模化的"军事实战"还是规模化的"商业实战"，领军者除了需要

① 20世纪60年代，美国西北大学教授菲利普·科特勒的经典著作《营销管理》概括了市场营销管理的全局。

③ 20世纪70年代，来自美国市场营销部门工作经验的艾·里斯和杰克·特劳特提出了"定位"理论。

④ 20世纪90年代，美国西北大学教授唐·舒尔茨提出"整合营销传播"。

⑤ 2013年，英国牛津大学教授维克托·迈尔-舍恩伯格和肯尼思·库克耶提出的"大数据"对市场洞察和其他模块都有重大影响。

② 20世纪60年代，美国密歇根大学教授杰罗姆·麦卡锡提出了"产品、价格、渠道、促销"组成的市场营销组合4P。

⑥ 2017年，来自美国加州的互联网成功创业者肖恩·埃利斯和摩根·布朗是"黑客增长"的发起人。

模块1 市场洞察
- 宏观环境洞察
- 行业洞察
- 竞争者洞察
- 目标客户洞察

模块2 客户细分 → **模块3 目标客户选择** → **模块4 定位与品牌**

模块5 市场营销组合4P
- 5.1 产品
- 5.2 价格
- 5.3 渠道
- 5.4 促销（整合营销传播IMC）
  - 5.4.1 传统广告
  - 5.4.2 数字营销
  - 5.4.3 公共关系
  - 5.4.4 销售促销

模块6 量化指标与结果追踪

模块7 团队架构与考核指标

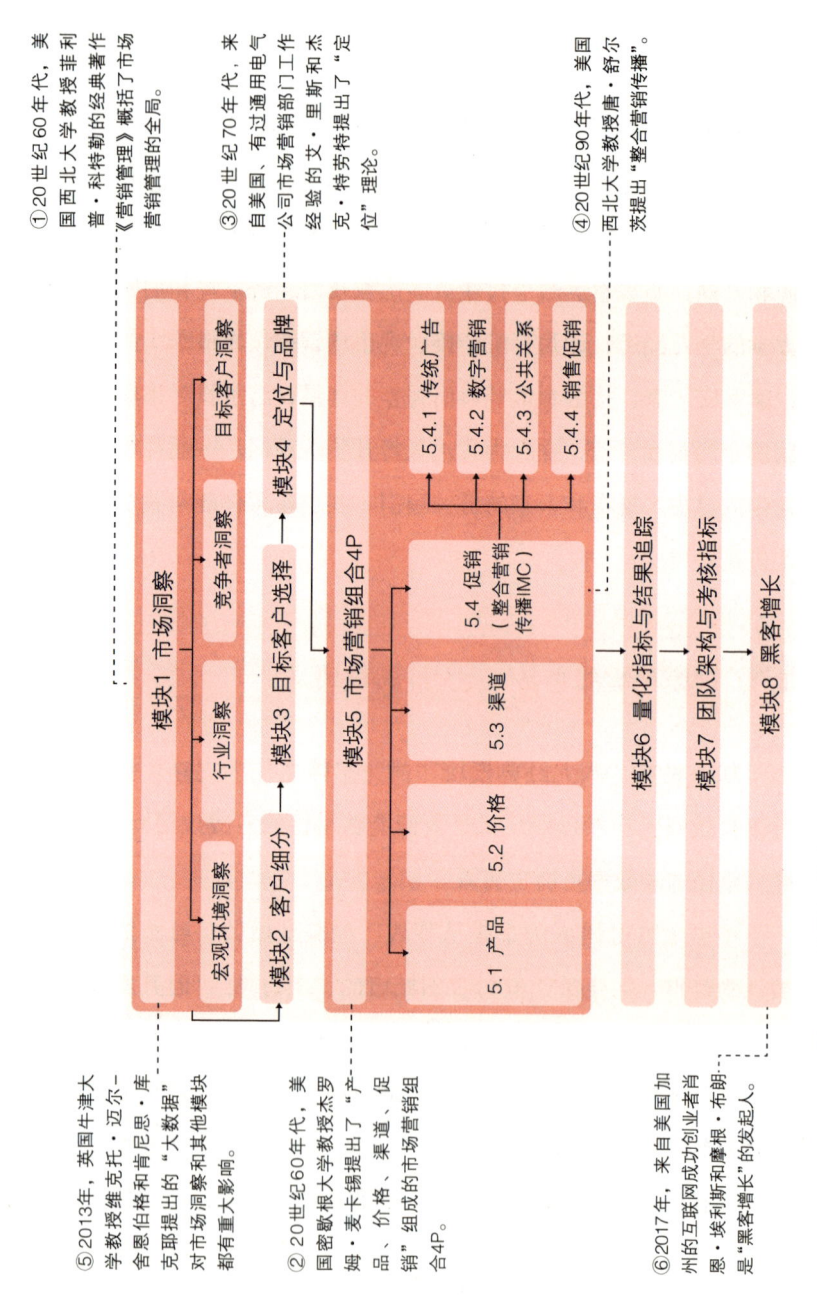

模块8 黑客增长

图 1-2 世界级学院派和实战派对"市场营销管理八大经典模块"的贡献图

具备实战经验，也需要有专业体系的支撑。

如果靠零散的点子、创意和打法就足够了，那为何顶尖商学院里面都有一个独立的专业学科"市场营销"，且这个学科在不断研究新的理论和新的实战工具？为何几乎所有的企业里面都有一个独立的专业部门"市场营销部"，且在此部门中聚集了可能是该企业中平均学历最高、平均薪水最高、平均加班时长最长的专业而勤奋的人才？所以我们强调市场营销实战，尤其是规模化的市场营销实战需要兼有"完整（专业）体系"和"落地打法"的支撑。

<u>八大经典模块明确了市场营销管理应该覆盖的八件重要事情，并且这八个模块之间的先后顺序基本就是市场营销工作从头到尾的顺序。</u>无论是撰写三年市场营销战略、年度市场营销计划，还是日常具体的市场营销工作，我们都必然涵盖市场营销管理的八大经典模块，甚至这八大模块就是《市场营销战略》和《市场营销计划》的内容主线和内容目录。

对于刚起步的公司而言，市场营销工作基本就是先做第一个模块的内容，再做第二个模块、第三个模块……依次进行到第八个模块，然后依此循环并持续优化每一个模块。而对于已经初具规模的公司而言，其实这八个模块相关的全部或者部分工作必然已经开始做了，如果这些工作能用八大模块的逻辑和方法来管理则会更专业、有序和高效。

【干货】

我们再深挖一步！八大经典模块到底在实战中体系化地解决了什么问题？如果回看市场营销的那一句话定义"市场营销是了解客户需求并满足客户需求"，那么这八大模块中的前四个模块，也就是"市场洞察""客户细分""目标客户选择"和"定位与品牌"是市场工作的"前半段"，这一段是在"了解客户需求"：分析并决定为哪些客户提供什么样的差异化定位和（与定位对应的）品牌；而这八大模块中的后四个模块"市场营销组合""量化指标与结果追踪""团队架构与考核指标""黑客增长"是市场工作的"后半段"，这一段就是在付诸行动"满足客户需求"：做出那个"品牌"，向客户表达并兑现我们的承诺。

前半段的工作更多是信息收集、分析和决策，这里产出的是"取舍和与差异化相关的决策"，所以更多需要的是市场营销团队的脑力；虽然"市场洞察"需要每时每刻地进行与积累，但"客户细分""目标客户选择""定位与品牌"（策略）一旦完成之后则需要较长一段时间的稳定性，所以不需要高频更新。

而后半段的工作是市场营销团队日常的劳心劳力所在，这里产出的是市场营销工作的"短期和长期结果"。虽然"团队架构与考核指标"一旦制定之后也会有一段时间的稳定性，但"市场营销组合""量化指标与结果追踪"和"黑客增长"的工作需要每日甚至每时每刻地执行和优化。所以90%以上团队人力（数）、体力、时间和市场花费其实都被投入到了后半段。

后面的章节会用最简单的大白话将这八大模块逐一拆解清楚，不仅有完整体系，还有落地打法。这一章先帮你站在山顶上对市场营销有全局观和通透感，你内心的那些疑问会在后面的章节中一个一个被解开!

■ 本章要点

市场营销的极简【定义】是：了解客户需求并满足客户需求。市场营销管理全局包含八大经典模块：市场洞察、客户细分、目标客户选择、定位与品牌、市场营销组合、量化指标与结果追踪、团队架构与考核指标、黑客增长。

市场营销实战，尤其是规模化的市场营销实战需要兼有"完整（专业）体系"和"落地打法"的支撑。无论是三年市场营销战略、年度市场营销计划，还是日常具体的市场营销工作，都必然涵盖市场营销管理的八大经典模块，甚至这八大模块就是《市场营销战略》和《市场营销计划》的内容主线和内容目录。高手能将上述所有模块融会贯通。回看过去几十年，世界级的理论家和实干家共同推动了市场营销领域中非常多的变化，但非常有趣，几乎所有的市场营销实战创新和世界级理论进化其实都在这八大模块的框架之内。我们需要专业而淡定地看清本质、看透全局。

■ 本章思考

1. 市场营销的极简定义是什么？
2. 市场营销管理的八大经典模块分别有哪些？
3. 对八大经典模块贡献最大的理论家是哪一位？
4. 公关在八大经典模块中处于什么位置？数字营销呢？
5. 如果企业没有市场营销部，那么哪些具体工作会没人做？并且，企业在哪些方面的效率会降低？
6. 如果你是企业的负责人，你会把年度数千万元、数亿元的市场营销资源交给几个有"零散创意和打法"的点子大王，还是胸怀市场营销的"完整体系"并掌握"落地打法"的专业团队？

第二章 市场洞察：
了解更多、打得更准

没有市场洞察也可以打仗，只是打得没那么准，死得快而已；五个经典洞察模型让我们的市场洞察更结构化更专业。永和大王决定从只卖豆浆油条拓展到也卖饭菜套餐，劲酒决定从大瓶装拓展到"小方劲"瓶装，他们做了什么样的市场洞察？"利用技术手段来追踪"的方式正在取代"向客户提问"成为数据收集的主流手段？市场洞察的本质是：让我们了解更多、打得更准！

市场营销管理八大经典模块

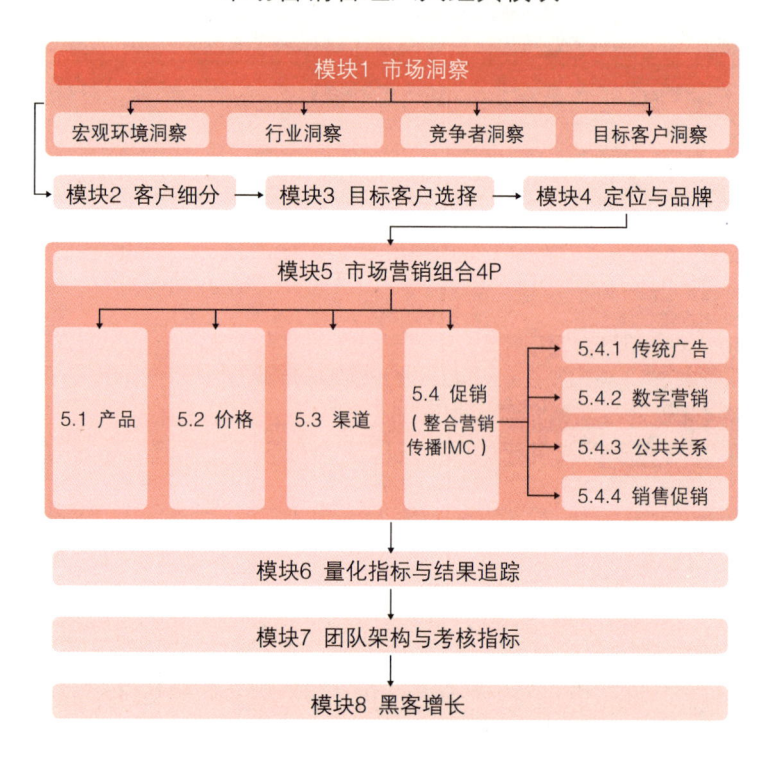

模块1 市场洞察

- 宏观环境洞察
- 行业洞察
- 竞争者洞察
- 目标客户洞察

模块2 客户细分 → **模块3 目标客户选择** → **模块4 定位与品牌**

模块5 市场营销组合4P

- 5.1 产品
- 5.2 价格
- 5.3 渠道
- 5.4 促销(整合营销传播IMC)
  - 5.4.1 传统广告
  - 5.4.2 数字营销
  - 5.4.3 公共关系
  - 5.4.4 销售促销

模块6 量化指标与结果追踪

模块7 团队架构与考核指标

模块8 黑客增长

【本章节涉及的人名及企业名称】

格里·约翰逊、凯万·斯科尔斯、迈克尔·波特、海因茨·韦里克、乔布斯、张勇、袁岳、零点调查、头脑风暴、永和大王、劲酒、携程、苹果、海底捞、美国尼尔森、精硕科技、秒针系统、国双科技、时趣互动、百度统计、阿里巴巴、戴尔、美善品、喜马拉雅、得到、知乎、小红书等。

"市场洞察"是市场营销管理八大经典模块中的第一个模块,也是所有模块的先行"侦察兵"。市场洞察经常被搞得太过学术,没什么用;被做得不够深,让决策缺乏有力的支撑。

所有人都或多或少地做过市场洞察,"市场洞察"的基本问题是:

1. 到底"洞察"什么?
2. 市场洞察的数据收集怎么做?
3. 市场洞察的结果展现怎么做?

进入后面的内容之前,你可以带上这几个问题一边阅读一边思考:乔布斯推出苹果iPhone手机之前真的做了市场洞察吗?市场洞察有哪些实用的方法和模型工具?大数据对市场洞察意味着什么?

2.1 市场洞察其实可以不做？

市场洞察可以不做吗？当然可以！没有市场洞察也可以打仗，就好比没有侦察兵其实也可以打仗，只是打得没那么准，死得快而已。市场洞察是"决策之前的侦察兵"，市场洞察的本质是"了解更多，打得更准"！

20多年前我进入职场的第一份工作开始于零点调查这家公司。大名鼎鼎的袁岳先生是第一财经《头脑风暴》节目的首任主持人，也是零点调查的创始人，我的直属老板和导师。《头脑风暴》其实是袁岳先生把焦点座谈会的形式搬进了电视节目。我自己是很多市场调查项目的负责人，也是焦点座谈会的主持人——作为主持人，我每年要开100场以上的焦点座谈会。永和大王决定是否要从只卖豆浆加油条拓展到也卖饭菜套餐，劲酒决定是否从大瓶装拓展到也卖小瓶装，也就是后来大家熟知的"小方劲"等，都是我亲自做的项目。

后来我作为品牌方负责人，也时刻需要通过市场洞察来回答客户是谁、竞争者是谁、广告应该去哪里投放、投放效果怎么样、我们的产品是否有竞争力、到底怎样可以打动客户等关键问题。因为这些经历，所以我对市场洞察这个工作模块有特殊的认知和情感：市场洞察确实有用！市场洞察让我们"了解更多，打得更准"！

另外，所有人——真的是所有人其实都做过市场洞察：我们从小跟着母亲去菜场买菜，母亲们会快速走一圈所有摊位来了解大概今天有什么菜卖、这些菜分别在每个摊位卖多少钱，然后会开始选择性地在不同摊位买不同的菜；我们买车的时候，会上汽车之家或易车等App（应用软件），去看几款自己心仪的车，看产品性能、配置、价格和客户口碑，心里逐渐锁定两到三款车，然后到线下4S店去实地体验这两三款车的真车，并且实地砍价以获得一手的价格信息；我们想当淘宝店主卖潮鞋的时候，会先浏览一下淘宝上类似商品都有哪些、什么特点、分别什么价格，然后我们才会开始选品和定价。

【小澄清】

很多成功的企业家，比如乔布斯在推出苹果iPhone手机之前，张勇在推出海底捞火锅店之前，似乎没有经过"市场洞察"这个步骤就已经做了关于目标客户选择、产品和服务性能、产品定价、销售渠道等关键决策。这让很多人会误认为我们其实可以不做市场洞察。但其实，身处行业多年让他们积累了深厚的市场洞察，可能只是没有用结构化的方式将这些洞察整理和表达出来而已。

综上，无论你想不想做，"市场洞察"其实已经自然而然地发生了，只是深度和专业度上是否到位而已。作为市场营销专业人士，我们的工作价值是利用模型和工具进行结构化的市场洞察，并且日、月、年持续进行，从而帮助企业调教并提升决策的精准度和杀伤力！那市场洞察到底需要"洞察"什么？市场洞察的结果怎样被结构化地展现出来呢？

2.2 洞察什么、结果怎么展示：五个经典模型

我们在商学院里学市场营销学的时候，首先扑面而来的就是那些市场洞察的结果展示模型；在企业市场营销部内做市场营销战略和计划的时候，我们在最开头部分抛出的也一定是市场洞察。因为有了市场洞察，我们才能"有依据"地推进后续的客户细分、目标客户选择、定位与品牌、市场营销组合等工作。

【干货】

市场洞察经常在课堂上被"搞"得很枯燥，因为通常一上来就先说数据收集的方法和工具，然后再说市场洞察的结果怎么展现出来。但在实战中其实是倒过来的，我们先思考需要什么样的洞察来帮助决策，然后再想办法进行数据收集以达成目的。所以这一节先梳理市场洞察应该洞察什么、洞察结果怎么展示，而下一节再来梳理数据是怎么被收集起来的。

归纳起来，市场洞察应该包含四个维度：宏观环境洞察、

行业洞察、竞争者洞察和目标客户洞察。对于这四个维度的洞察，其实都有专业而经典的模型工具来支持。具体而言，有五个经典而实用的市场洞察模型：

模型一：PEST模型用来分析宏观环境，它覆盖政治与政策（Political）、经济与行业（Economic & Industry）、社会与消费者（Social & Consumer）和科技与产品（Technology & Product）四个方向；

模型二：波特五力模型用来分析行业上游下游、竞争者、新进者、替代者和自己；

模型三：SWOT模型用来分析竞争对手与自己的优劣势、机会与挑战；

模型四：竞争者模型用来鸟瞰直接竞争对手、间接竞争对手、替代者和潜在进入者；

模型五：用户画像（Persona）模型用来详细而生动地描述消费者画像。

上面的五个经典模型出现于不同的时代，你可以在很多地方找到它们。但它们通常是零散出现的，商学院的学习和20多年的实战经验给我的体会是：让它们分别扮演不同角色，并将它们"串起来"能帮助我们掌握宏观环境、行业、竞争者和目标客户四个维度的全景。

简单来说，这些模型其实提供的是思考并把相关信息和数据组织在一起的结构和框架。在你的市场营销战略或市场营销计划中，如果你把这些模型梳理展现一遍，市场洞察部分就基本完成了，并且显得非常结构化，当然也很专业。花几十万读商学院首先学的就是这些结构化和体系化的工具。

下面我们分别介绍这五个经典模型并说明它们的出处。同时，为了帮助大家快速理解每个模型的精髓（不被细枝末节所干扰），我们在每个模型中填入一个经过"简化"处理的实战案例。以后，你也可以"照葫芦画瓢"上手操作了。

模型一：用PEST模型来分析"宏观环境"

PEST模型由英国学者格里·约翰逊（Gerry Johnson）和凯万·斯科尔斯（Kevan Scholes）于1999年提出。PEST模型被用来分析世界与国家的宏观环境，覆盖政治与政策、经济与行业、社会与消费者和科技与产品四个方向。我们可以在每个框内放入文字和数字描述。简单说，PEST模型告诉我们：现在和未来的宏观环境适合我们做的生意吗？

【案例】

经历了从2011年到2015年，在线教育中的"在线英语"赛道已经初具规模。"在线学科辅导"这个赛道从2015年开始

Political 政治与政策	**T**echnology & Product 技术与产品
· 2015年12月，全国人大常委会通过《关于修改〈中华人民共和国教育法〉的决定》：国家推进教育信息化，加快教育信息基础设施建设，利用信息技术促进优质教育资源普及共享，提高教育教学水平和教育管理水平； · 2016年2月，教育部发布《2016年教育信息化工作要点》，鼓励企业开发专业化教育应用工具软件，并提供资源推广普及应用；加快中小学宽带网络建设； · 2016年3月，国务院《"十三五"规划纲要（草案）》修订，提出支持发展教育培训、文化、体育等服务消费，发展更高质量更加公平的教育。加快推进远程教育，扩大优质教育资源覆盖面。	· 在线1对1、直播等创新形式出现； · VR（虚拟现实）、AR（增强现实）技术进入教育领域，产品尚不成熟。
Economic & Industry 经济与行业	**S**ocial & Consumer 社会与消费者
· 优质教师资源的区域分布不均衡，教育不公平备受诟病； · 传统教育辅导机构落地成本高，地域覆盖有限； · 在线教育可以扩大优质师资的覆盖区域，打破教育资源不平衡，让教育成本更低； · 越来越多的家长开始接受并选择在线的方式辅助孩子学习； · K12（基础教育）在线教育市场规模逐年增长，预计在2020年达到1100亿元。	· 70后和80后已成为中小学生家长的主体（占比近90%），这一群体对在线产品的接受度较高； · 在线教育产品不受时间和空间的约束、自由掌握学习进度、共享优质资源等特点，成为家长支持孩子通过互联网学习的主要原因； · 明确表示支持孩子通过互联网学习的家长比例从2015年的52.9%到2016年上升至58.4%。

图2-1　2017年"在线学科辅导"行业的PEST模型分析

悄然起步。在2017年的中国市场，"在线学科辅导"行业的大战将至。创业者、投资机构和国家监管机构等都在紧锣密鼓地备战。我亲历了这场"大战"。PEST模型分析（于2017年完成，见图2-1）告诉我们：政策上，国家政策鼓励在线教育的发展，同时为了规范这个快速成长的市场，相关部门即将出台相关监管法规；技术上，网络带宽的进步，以及在线英语赛道推动的软硬件产品升级已经让顺畅地在线上课成为可能；经济上，在线学科辅导的全国市场规模将到达数千亿元规模，并且因为长久以来的区域经济发展不均衡导致一二线市场以外的学生缺乏优质的教育资源；社会趋势与消费者习惯方面，家长已经认可"在线学习"是可以有效果和高品质的，并且越来越多的家长体会到了在线学习的便利性，而不愿"东奔西跑"去线下辅导机构上课。综上，2017年的PEST模型分析提示我们"在线学科辅导"的春天要来了！

模型二：用波特五力模型来分析"行业"

波特五力模型是迈克尔·波特（Michael Porter）于20世纪80年代提出的。波特五力模型认为行业中存在着决定竞争规模和程度的五种力量，这五种力量综合起来影响着产业的吸引力以及现有企业的竞争战略决策。五种力量分别是：(1)同行业内现有竞争者的竞争能力；(2)潜在竞争者进入的能力；

(3)替代品的替代能力;(4)供应商的讨价还价能力;(5)购买者的讨价还价能力。简单说,波特五力模型让我们看清在此行业中的生存空间、机遇和风险;同时,特别重要的是判断未来的竞争对手是谁,且这个对手会让自己难以招架吗?

【案例】

2005年到2008年,车险电商在中国市场风起云涌。2005年的波特五力模型(见图2-2)告诉我们:在消费者方面,车主开始接受在电商平台购买车险,但车主对价格敏感度极高,一定会多方比价。在现有竞争者方面,UAA(联合汽车俱乐部)[1]、车盟、从众和盛大等车险电商是主要竞争者,它们为车主提供的价值是"省钱省心":车主可一站式比价所有车险品牌的产品,然后便捷下单。在替代者方面,传统的线下车险销售渠道(4S店和维修厂)是车主过往一直习惯性选择的车险购买渠道,但价格偏高是车主的诟病点。在供应商方面,中国人民保险、太平洋保险和平安保险等传统保险公司为车险电商提供"保单产品",并且它们都把外部的跨品牌车险电商平台作为重要的渠道拓展;同时,车险电商的客户在"出险"后的车辆"维修服务"还必须由4S店和维修厂来完成(很尴尬!);

---

[1] UAA退出车险电商赛道的竞争之后,其核心团队转型推出了后来的神州租车和瑞幸咖啡。

消费者

1. 对网上购物接受度高的车主更愿意接受车险电商平台购买车险。
2. 缺憾：消费者对车险的价格敏感度非常高；在决策前，会到线下渠道（4S店或维修厂）和多个车险电商平台进行比价。

替代商

1. 传统的线下车险销售渠道（4S店和维修厂）是车主过去一直习惯性选择的车险购买渠道，但价格偏高是车主的诟病点。
2. 谈判力：
   - 车险电商的客户在"出险"后的维修服务环节必须依赖传统线下车险销售渠道（4S店和维修厂），所以车险电商经常在维修服务环节被刀宰；
   - 出险后的维修服务能力缺失成为传统渠道在车主面前打击电商渠道的利器。

现有竞争者

1. UAA、车盟、从众、盛大等车险电商平台为车主提供的价值是"省钱省心"：车主可"一站式"比价所有车险品牌的产品，然后方便捷下单；
2. 产品来源：销售来自几乎所有保险公司的车险产品；
3. 服务来源：出险后的维修服务委托给传统渠道（4S店和维修厂）来完成；
4. 谈判力：
   - 通过汇集车主流量来向保险公司、4S店和维修厂争取更好的"批发价"和服务品质；
   - 从保险公司拿到更低"批发价"的车险电商平台能通过向客户提供更低的"零售价"来获得更多的客户市场份额（打败其他车险电商平台）。反之亦然。

潜在进入者

1. 所有传统保险公司都可能创建自己的车险电商平台。
2. 缺憾：在自己的电商平台，各家都只能卖自家的单一品牌，对吸引客户流量不利。

供应商

1. 保单产品供应商：中国人民保险、太平洋保险、平安保险、中国人寿保险、中国大地保险、阳光保险等传统保险公司都把外部的跨品牌车险电商平台作为重要的渠道拓展，以补充传统线下渠道的销售；
2. 维修服务供应商：4S店和维修厂。
3. 谈判力：
   - 为了在外部跨品牌的电商平台上获得更多市场份额，2008年之前车险不得不相给出更低的"批发价"；
   - 2008年之后，为了降低行业风险，国家出台相关政策对统一限定，也即对车险产品的"零售价"和"批发价"进行了统一限定，也即无法在批发和零售环节进行。

图2-2 2005年"车险电商"行业的波特五力模型分析

在潜在进入者方面，所有传统保险公司都可能创建自己的车险电商平台，但缺憾点可能是：在自己的电商平台，各保险公司都只能卖自家的单一品牌，对吸引客户流量不利。

杀手来了！

为了降低保险行业风险，2008年前后，国家出台相关政策对车险产品的"零售价"和"批发价"进行了统一限定，导致"价格战"无法在批发和零售环节进行。也即车险电商的"让客户通过跨品牌比价获得更低价"这一核心价值消失了。更为致命的是，当看到车主对通过电商渠道购买车险的高接受度，以平安保险为先锋，几乎所有的传统保险公司都先后成立了自己的车险电商平台。很快，车险电商的企业纷纷被逼退，其实是被团灭，最后连车险电商这个赛道也消失了！同时，平安保险通过更快速的电商转型一跃成为车险领域的领先者。这是一个典型的"供应商"是"潜在进入者"，并且"潜在进入者"很快杀掉"现有竞争者"的案例！

【干货】

从2005年到2008年，车险电商赛道上的大小竞争者们因为其"让客户省钱省心"的故事累计获得了来自国内和国际顶级投资机构的至少数亿元美金的风险投资。作为车盟的市场营销第一负责人，我亲历了实战和血的教训，结论是：对"五力"中任何一股力量的敬畏心和客观分析都至关重要！

模型三：用SWOT模型来分析自己和竞争者

SWOT模型即态势分析法，20世纪80年代初由美国旧金山大学的管理学教授海因茨·韦里克（Heinz Weihrich）提出，SWOT模型用来分析竞争对手与自己的优劣势、机会与挑战。优劣势分析主要是着眼于企业自身的实力及其与竞争对手的比较，而机遇和威胁分析将注意力放在外部环境的变化及对企业的可能影响上。通过SWOT模型分析，可以帮助企业把资源和行动聚集在自己的强项和有最多机会的地方，并让企业的战略变得明朗。简单说，SWOT模型帮我们分析如何扬长避短、抓住机遇打败对手。

【案例】

戴尔公司于1998年将电脑直销模式引入中国。当时的SWOT模型分析（见图2-3）告诉我们：优势方面，相比较于IBM和Compag这些通过传统渠道进行分销的品牌，戴尔的"直销"更高效：客户通过电话和网站购买非常"便利"，并且客户可以适度"灵活"地挑选适合自己的电脑配置组合。弱势方面，作为后起的品牌，戴尔的品牌力量明显弱于IBM和Compag这些电脑巨头。并且，戴尔没有这些领先品牌所拥有的坚实的批发和零售体系。机遇方面，消费者对电脑产品的认知度越来越高，他们知道自己需要购买什么配置的电脑，并且还越来越倾向于自选适合于自己偏好和购买力的配置组合，即越来越多的消费者乐意在戴尔的网站上挑选配置和价格。威胁方面，当面对拥有强大品牌和坚实渠道优势的传统电脑品牌时，作为后起之秀的戴尔很可能无法获得足够市场份额；并且IBM和Compag这些传统电脑品牌也可能建立与戴尔一样的"直销"平台。

Strength 优势	**O**pportunity 机遇
相比较于IBM和Compag这些通过传统渠道进行分销的品牌，戴尔的"直销"更高效： ·客户通过电话和网站购买非常"便利"； ·客户可以适度"灵活"地挑选适合自己的电脑配置组合。	消费者对电脑产品的认知度越来越高，他们知道自己需要购买什么配置的电脑，并且还越来越倾向于自选适合于自己偏好和购买力的配置组合，即越来越多的消费者更乐意接受在戴尔的网站上挑选配置和价格。
Weakness 弱势	**T**hreat 威胁
1.作为后起的品牌，戴尔的品牌力量明显弱于IBM和Compag这些电脑巨头； 2.戴尔没有这些领先品牌所拥有的坚实的批发和零售体系。	1.当面对拥有强大品牌和坚实渠道优势的传统电脑品牌时，作为后起之秀的戴尔很可能无法获得足够市场份额； 2.IBM和Compag这些传统电脑品牌也可能建立与戴尔一样的"直销"平台来进行销售。

图2-3　1998年戴尔公司的SWOT模型分析

【干货】

SWOT模型让我们看清"外部的机遇和威胁"和"内部的优势和弱势"，但我们不必（也不一定能）在四个方面都做到最好！戴尔公司的成功显然是抓住机遇并把"优势"发挥到了极致，但并没有去补"弱势"，也即：抓住机遇，扬长避短。

回想波特五力模型中的车险电商案例，你可能会思考，如果IBM和Compag也建设自己的直销平台，戴尔不就惨了吗？根本差别是车险电商的企业全部都只是渠道中间商，没有"生产"车险产品，也没有出险之后的维修"服务"能力。所以车险电商企业因潜在进入者（同时是供应商）的入局而失败。而戴尔是集电脑配件采购、组装、成品销售和售后服务为一体的品牌。即使IBM和Compag也成立直销平台，那也是它们在同等条件下开展竞争，并且IBM等传统品牌还会遇到其体内的直销平台与传统渠道的冲突难题需要解决。

模型四：用竞争者模型来鸟瞰"竞争者"

竞争者模型用来鸟瞰直接竞争对手、间接竞争对手、替代者和潜在进入者。我们只用在每个类别中放入竞争对手们的品牌标识，这样对市场上的玩家就一目了然了：到底我们在跟谁直接竞争、与谁间接竞争、有谁会是（好像）不竞争但能替代我们，并且非常重要的是有谁（尤其是BAT[1]巨头）会在未来有潜在进入的可能。这些问题是投资人、CEO和管理团队

---

[1] BAT，B指百度、A指阿里巴巴、T指腾讯，是中国三大互联网公司百度公司（Baidu）、阿里巴巴集团（Alibaba）、腾讯公司（Tencent）首字母的缩写。

竞争对手

潜在进入者
百度
腾讯
钉钉
网易
头条
沪江网校
vipJr
VIPKID

替代者
作业帮
猿辅导
一起作业
学霸君

间接竞争对手
昂立教育
学而思
精锐教育
学大教育
新东方

直接竞争对手
海风教育
掌门1对1
昂立嗨课堂　溢米辅导
三好网　　学霸来了
理优教育　100教育
家有学霸

图2-4　2017年"在线学科辅导"行业的竞争者模型分析

非常关注的问题，所以我本人于2010年发明了此"竞争者模型"。后来我在融资商业计划书（Business Plan）、市场营销战略和市场营销计划中经常用到这个模型，甚至是必用。<u>简单说，竞争者模型让我们看清楚在近距离和远距离范围内有哪些竞争对手。</u>

【案例】

2017年"在线学科辅导"行业的竞争者模型分析（见图2-4）告诉我们：在线学科辅导一对一的赛道上，"<u>直接竞争对手</u>"蜂拥而至，有掌门1对1、海风教育、溢米辅导、昂立嗨课堂、理优教育和学霸来了等10多个品牌。并且若干"<u>间接竞争对手</u>""<u>替代者</u>"和BAT等"<u>潜在进入者</u>"也虎视眈眈。

几乎所有的"直接竞争对手"都在2017年到2019年之间迅速多轮融资、迅速扩张规模,甚至展开了明星代言人的争夺战。站在2020年回看这个竞争者"地图"的时候,结局让人惊讶:经过三年的鏖战,从2018年10月学霸1对1倒闭,然后理优教育和昂立嗨课堂等相继出局。在线学科辅导一对一的赛道上,曾经出现在直接竞争对手名单上的10多家企业中,"实质"剩下的规模化大玩家已寥寥无几:掌门1对1是绝对的领先者,其销售规模也最大;溢米辅导升级融入了精锐教育[1]的线上线下融合式一对一业务的大布局。

模型五:让用户画像模型来具体描述"目标客户"

用户画像(Persona)模型让我们从背景和行为的各个方面来对"一个客户"进行描述,当然这"一个客户"其实代表的是"一类客户"。我们需要描述他的年龄、学历、职业、兴趣爱好、婚姻状况、子女状况、上网习惯、上下班时间、每日交通方式、喜欢看的书籍和电影、收入金额、旅游偏好、人生的目标和挫败……这样帮助我们非常"真实"地感觉到

---

[1] 精锐教育是美国纽交所上市公司。在过往10年,精锐教育是国内唯一的一家在传统线下学科辅导的赛道上让一对一辅导业务实现盈利并且还能将其规模化的企业。2020年初,在美国纽交所披露的文件中显示精锐教育收购溢米辅导、成立精锐在线,并大力推进OMO(Online-Merge-Offline,线上与线下融合)模式。

一个"人"!为了让我们有真实的场景感,我们甚至需要为他取一个名字、给一个头像……最终我们能够了解客户是什么样的,我们的产品有可能满足他们吗,应该在哪些媒体渠道对他们说什么样的话更容易打动他们等。简单说,用户画像模型让我们真实、具体、生动、有场景感地感受到目标客户的模样。

【案例】

中国的家庭主妇擅长烹饪,来自德国的美善品(Thermomix)多功能料理机在最近几年成为中国一二线城市家庭主妇们的新宠。美善品也被亲切地称呼为"小美"。小美的产品单价大约为人民币12000元,它很可能是厨房中"最高贵、最聪明、最能干"的单品。小美的竞争者们非常好奇于小美的客户到底"长什么样"呢?用户画像模型(见图2-5)告诉我们:Maggie,38岁,高级白领,大学研究生毕业;有一个女儿,孩子上私立小学;她的上班地点在上海的淮海路CBD(中央商务区);家中有一辆奔驰E,但为了回避交通堵塞和办公场所的停车不方便,每天都坐地铁上下班;喜欢在小红书上看美食主播和健身主播的内容,但不太上抖音;最近几年看纸质书的机会很少,但上下班的路上和做饭的时候会听喜马拉雅和得到;平时会用Keep来健身,因为时间紧,所以经常在家做对身体塑形有帮助的轻量运动,甚至有时是一边煲汤一边运动;喜欢

Maggie，高级白领妈妈

基本背景（DEMOGRAPHICS）：
- 35岁；
- 大学研究生毕业；
- 有一个女儿，孩子上私立小学；

工作（JOB）：
- 高级白领；
- 上班地点在上海的淮海路CBD；
- 家中有一辆奔驰E，但为了回避交通堵塞和办公场所的停车不方便，每天都会坐地铁上下班；

阅读、学习（READING AND STUDY）：
- 喜欢在小红书上看美食主播和健身主播的内容，但不太上抖音；
- 最近几年看纸质书的机会很少，但上下班的路上和做饭的时候会听喜马拉雅和得到；
- 在百度搜索之外，也经常用知乎；

生活（LIFE STYLE）：
- 常健身，平时也用Keep来健身，因为时间紧，所以经常在家做对身体塑形有帮助的轻量运动，甚至有时是一边煲汤一边运动；
- 爱美食，对提升烹饪能力非常有热情，比如与朋友切磋交流或上网搜索；非常幸福于看到丈夫和孩子吃到美食时的好心情和赞许；
- 爱旅游，每年都尽量安排一次出国旅游，对国外的美食美景热情无限……

奔驰、小红书、Keep、喜马拉雅、得到、知乎

图2-5 美善品的用户画像模型

美食，对提升烹饪能力非常有热情，比如与朋友切磋交流或上网搜索；非常幸福于看到丈夫和孩子吃到美食时的好心情和赞许；每年都尽量安排一次出国旅游，对国外的美食美景热情无限……

除了"Maggie：高级白领妈妈"，其实还有两个人物画像模型用来描述"张太太：家庭条件优越的全职太太"和"Chole：单身白骨精[1]"。当看到上面生动的描述之后，小美的客户仿佛已经真实地"坐"在我们的面前。

最后，我们特别强调：有上述五个经典模型，基本够了！当然，市场洞察无止境。市场洞察是一个非常深奥与广阔的领域，其实还有非常多的工具和方法来深入挖掘更多细分的领域，比如客户满意度、客户对新产品概念和功能的接受度、客户对产品包装和口味的偏好度、客户对广告创意的偏好度、客户对某个具体网站的浏览行为等。这也是为何市场洞察是一个非常专业的领域，市场上有很多国际化和本土的专业市场调研公司专注于此。

【干货】

在掌握上述五个市场洞察模型的基础上，你可以择机深

---

[1] 白骨精：对于职场中白领、骨干、精英女士的简称。

入其他那些更细分的领域。我职业生涯的第一份工作就开始于专业的市场调研公司，所以非常理解这里的奥秘和魅力。但对于大多数营销人而言，你首先熟练掌握上述五个模型便可以开始"仗剑打天下"了。

2.3 市场洞察的数据收集方法和变革

简单来说，市场洞察的"数据"就是被用来描述宏观环境、行业、企业和目标客户的"文字和数字"。那么被填入五个市场洞察模型的数据是怎么被收集起来的呢？这里其实是费力点和难点，也是最近若干年发生了巨大变革的地方。

数据收集是很容易被觉得太学术、很枯燥的。在商学院中，市场洞察尤其是市场洞察的数据收集可能是最不受欢迎的学习内容；相比而言，大家更愿意学习品牌、市场营销组合、整合营销传播、数字营销等内容，可能是觉得这些板块更有活力、更有趣。但数据收集确实很重要！读商学院之前，我就已经在市场调研公司内实操过很多国际和国内大品牌的重要项目，所以我本人成了商学院里各学习小组的"争抢"对象；在后续20多年的实战中，市场洞察确实也让我的市场营销工作受益匪浅且超乎想象。所以，我们尽量用最简单的大白话让你抓住本质，并熟练掌握关于"数据收集"的落地方法。

传统的数据收集方法

所有数据可以按照被收集的方式分成两大类："一手数据"和"二手数据"。我们先来简述一下它们分别是什么、有什么区别，并且怎么收集这两类数据。

首先，一手数据的【定义】和收集方法。一手数据（Primary data）也称原始数据，指通过人员访谈、询问、问卷、测定等方式直接获得的新数据。一手数据收集的方法有"定性调查"和"定量调查"两类。"定性调查"的方法主要指一对一"深度访谈"，或几个消费者和专家坐在一起互动的"焦点座谈会"；前面提到的那个《头脑风暴》电视节目就是这个焦点座谈会的一种表现形式；"定量调查"的方法则指向消费者发送一个结构化的"调查问卷"。大家通常先用"定性调查"来发掘未知、挖掘深度，再加上"定量调查"来数量化测量和表达定性调查中的发现。

其次，二手数据的【定义】和收集方法。二手数据（Secondary data）指利用案头查询收集"文献资料"获得前人统计好的旧数据。比如通过搜索引擎进行信息搜索、查询国家统计年鉴、查询行业书籍、查询行业专项报告、查询上市公司财报、查询"天眼查"上的企业信息、查询国家和行业公布的相关政策、定期观察竞争者的网站和店面等。

【干货】

　　如果做好了二手数据收集,关于"宏观环境""行业"和"竞争者"的90%以上信息和数据收集就能完成了,也即做好了二手数据收集,就能完成五个经典模型中的四个了:PEST模型、波特五力模型、SWOT模型、竞争者模型。当然,二手数据收集其实也能帮助完成70%以上对"目标客户"的洞察,因为在很多过往的行业资料或公司内部资料里面就能够找到相同或相似目标客户的相关数据了。

　　从操作顺序上来说,每当需要数据,我们首先进行二手数据收集。当二手数据实在不能满足需求则考虑启动一手数据收集。因为二手数据收集随时都可以启动,比如随手上百度搜索、查询文献资料,并且这些快速可得的二手数据瞬间让自己站在公司内前人和行业内前人的肩膀上,何乐而不为呢?!

　　关于"目标客户"这个方向的市场洞察数据是最可能需要一手数据收集的。因为虽然我们可以从前人已经收集统计好的资料中找到部分我们想要的数据,但如果涉及"新问题"(比如对新产品的接受度),二手数据就不能满足我们的需求了,所以我们需要自己做一手数据收集。

　　前文提到了永和大王决定从只卖豆浆油条拓展到也卖饭菜套餐,劲酒决定从大瓶装拓展到"小方劲"瓶装,那他们是怎么开展数据收集来帮助决策的呢?在起步的时候,他们都尽可能收集了企业内和行业内所拥有的二手数据。但因为两家企业都在回答"新问题",所以重头戏都放在了一手数据收集上:通过"定性调查"和"定量调查"直接向客户问问题。

【案例】[1]

　　永和大王从全国的华东、华中、华南、华北和华西选了N个重点城市作为目标调研城市,这N个城市被选出来代表全国各地(的客户)。第一阶段,先用"焦点座谈会"(定性调查)收集客户对早餐、午餐和晚餐的态度和行为特征,客户对永和大王(和竞品如麦当劳与肯德基)现有产品的满意点和缺憾点,客户对永和大王拓展卖饭菜套餐的概念接受度以及对具体产品和价格的预期等;每个城市分别有四场焦点座谈会,因为客户可以依据性别、年龄、职业和收入等维度组合成为至少四种细分人群。

　　第二阶段,用"问卷调查"(定量调查)来将我们在"焦点座谈会"中的发现结构化且数量化地表达出来:问卷调查的问题设计和统计结果能直接回答百分之多少的客户觉得如果永和大王增加卖饭菜套餐是可以被接受的、百分之多少的客户希望有宫保鸡丁饭套餐和猪排饭套餐、客户觉得永和大王的宫保鸡丁饭套餐应该卖多少钱等。在"问卷调查"环节,为了保

---

[1] 考虑到相关企业的隐私保护,此案例中的重要数字将通过"用N替代"和"模糊数值"等方式被隐去。

障"代表性",在上述N个重点城市我们完成了千份以上的问卷调查。我有幸在此项目中扮演了焦点座谈会主持人和项目总负责人的角色。

另外,劲酒决定从大瓶装拓展到"小方劲"瓶装,决策之前的市场调查其实也用了与永和大王类似的逻辑和方法:第一阶段,焦点座谈会(定性调查);第二阶段,问卷调查(定量调查),所以就不赘述了。

【花絮】

至今还让我非常激动和印象深刻的是:在焦点座谈会中,我们发现客户其实分不清楚永和大王和永和豆浆是两家公司,搞不清菠萝派和香辣鸡腿堡到底是肯德基还是麦当劳的菜单里面的,甚至参加焦点座谈会的家庭主妇们会为此用地方方言争论得热火朝天……直到大约20年之后的现在,每次到机场和火车站,永和大王都是我最爱的出发餐或到达餐之一,并且每次就餐时都会想起当年焦点座谈会的场景而会心一笑。

劲酒的包装设计部门初步设计了几十个大大小小的,且是各种中式和西式风格的瓶子,我们背着这些瓶瓶罐罐到N个重点城市开"焦点座谈会",让客户们逐一掂量和评价。开完第一场焦点座谈会后,从第二场开始,在品牌方负责人的建议下我悄悄地取下了衬衣的领带,并开始在每次座谈会的后半场，在大家聊兴正酣的时候与大家一起开酒、"小酌共叙"。

"身入其中"，用客户的语言、衣着、习惯和视角，这是市场调研者应该有的姿态。这是我的特别收获。并且在后续很多年，这样的姿态让我在成为品牌方的一线市场营销人员、市场营销第一负责人的时候受益匪浅。

有一个非常经典的疑惑：很多人都不太理解为何在"问卷调查"之前需要做"焦点座谈会"或"深度访谈"，也就是为何要在"定量调查"之前做"定性调查"？理论上来说，"定性调查"被用来发掘未知、挖掘深度，而"定量调查"随后被用来数量化测量和表达定性调查中的发现。用大白话说，在启动市场调研之前，我们心里有很多问题，定量的问卷调查能给我们"关于客户态度和行为的数字"。但如果我们一开始就设计定量调查问卷，我们可能知道问什么问题，但不知道该问题下面的那些"选项"应该怎么设计啊。所以在深度访谈或焦点座谈会中，我们问出了问题并且收集了客户大部分的观点和回答，这些观点和回答就变成了问卷中每个问题下面的"选项"。除此之外，与客户面对面的焦点座谈会和深度访谈确实能让我们听到、看到、感觉到"冰冷"的结构化问卷所无法带来的、常常超出我们认知的客户态度和行为。

最后小结一下实操【干货】：市场洞察数据可以被分成"一手数据"和"二手数据"两大类。我们通常先收集二手数据，如果二手数据实在不够用了则考虑收集一手数据。一手数据的收集方法是：先用"焦点座谈会"或"深度访谈"这样的定性调查工具来发掘未知、挖掘深度，然后用"调查问卷"这样的定量调查工具来将态度、行为、趋势等用数字表达出来。

数据收集变革："追踪"取代"提问"

说到这儿，我们必须提及正在发生的重大行业变革！随着技术的发展和大数据的广泛应用，"大数据"应用也逐渐变成了收集数据信息的重要工具和方法。在"目标客户"洞察这个维度上，<u>"利用技术手段来追踪"正在取代"向客户提问"的方式成为主流的数据收集方式</u>。

比如，以前携程旅行网的电话客服一定会问客户一个问题，"请问你是从哪些渠道了解到我们的品牌"；而现在几乎所有的互联网+的企业已经不用客服问这些问题了，因为他们直接通过软件代码追踪的手段已经知道客户购买之前是从哪个媒体、哪个广告链接，甚至哪个广告创意进入的。从技术条件来说，目前客户的信息收集、决策和购买全流程已经高度电子化了，直接"追踪"他们在互联网上的信息搜索、产品页面浏览以及购买下单过程就已经可以帮助我们回答：客户是谁？客户从哪里来的？客户关注的重要购买因素是什么？怎样可以打动客户？

相对于"向客户提问","利用技术手段来追踪"的优势是数据更精准、收集更及时、可被收集的数据类型更丰富,并且我们的数据收集工作是每时每刻"悄然"且"自动"发生的。这也是为何现在的北京王府井大街和上海淮海路上已经几乎没有手捧一叠问卷请你参与访谈的访问员了。

同时,越来越多的企业,尤其是互联网+的企业正在将传统的客户关系管理(CRM:Customer Relationship Management)系统升级为大数据管理平台(DMP:Data Management Platform)[1],其本质的差别是以前我们只能收集并记录客户的姓名、年龄、电话、地址等背景信息,再加上客户的极少量的行为信息,比如什么时候买过什么、有没有复购等;而现在和未来,我们可以收集、记录并存储客户的全生命周期行为,从客户的广告浏览行为、社交媒体行为,到客户在企业官网和App上的表现,再到购买、复购和推荐拉新等行为。难怪,阿里巴巴说自己其实是一家数据公司!市场上涌现了很多客户行为数据收集的专业公司和解决方案,比如谷歌旗下的DoubleClick,国内的精硕科技、秒针系统、国双科技、时趣互动和百度统计等都已经是这些领域的大体量专业公司(或解决方案),并且他们已从数据收集出发而逐渐拓展至帮助企业建立自有或第三方的大

---

[1] DMP(Data Management Platform)的英文直译是"数据管理平台",但这个术语被广泛提及和使用是在大数据应用的场景下,所以当提及DMP,业内人士通常理解的含义是"大数据管理平台"。

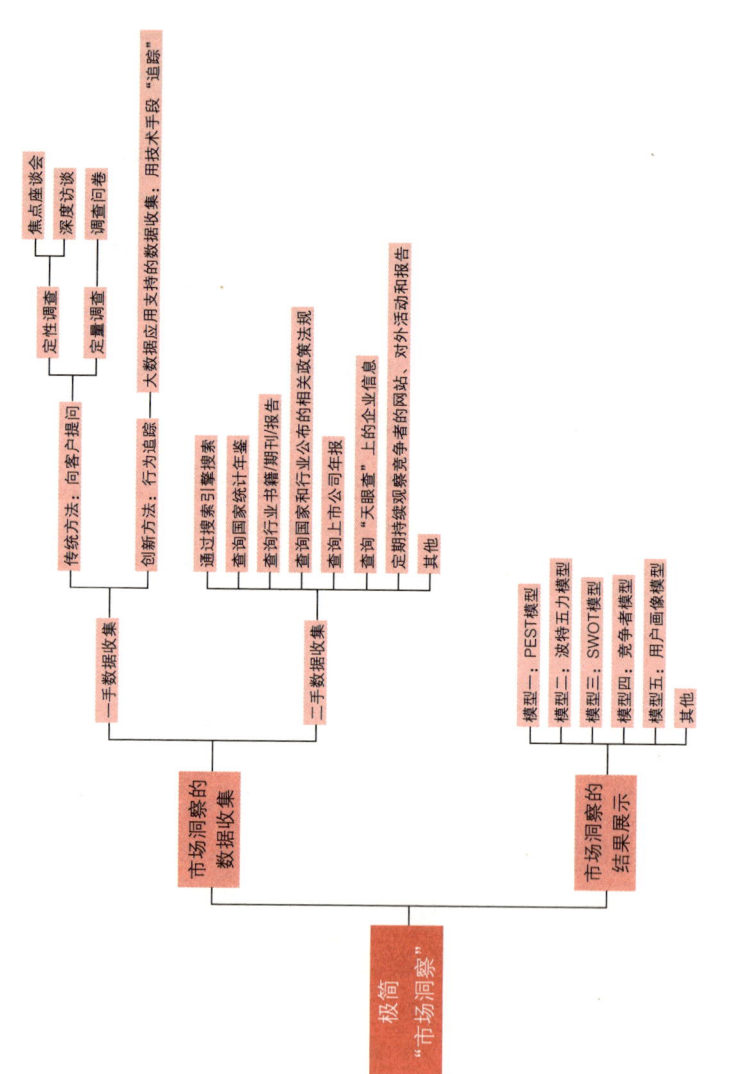

图2-6 极简"市场洞察"的思维导图

极简"市场洞察"

- 市场洞察的数据收集
  - 一手数据收集
    - 传统方法：向客户提问
      - 定性调查
        - 焦点座谈会
        - 深度访谈
      - 定量调查
        - 调查问卷
    - 创新方法：行为追踪
      - 大数据应用支持的数据收集：用技术手段"追踪"
  - 二手数据收集
    - 通过搜索引擎搜索
    - 查询国家统计年鉴
    - 查询行业书籍/期刊/报告
    - 查询国家和行业公布的相关政策法规
    - 查询上市公司年报
    - 查询"天眼查"上的企业信息
    - 定期持续观察竞争者的网站，对外活动和报告
    - 其他
- 市场洞察的结果展示
  - 模型一：PEST模型
  - 模型二：波特五力模型
  - 模型三：SWOT模型
  - 模型四：竞争者模型
  - 模型五：用户画像模型
  - 其他

数据平台。非常有趣，这些公司的大量人才都从传统而顶尖的市场调研公司转型而来，比如美国尼尔森和英国TNS（特恩斯市场研究咨询公司）等。引用前联合利华大数据专家廖明博士的说法：大数据让我们对客户了解更多，打得更准；其实可以更进一步，市场洞察的本质是：让我们了解更多，打得更准！

最后，为了方便理解和掌控市场洞察的理论和实操全局，我们为大家制作了极简"市场洞察"的思维导图（见图2-6）。我们再次强调市场洞察是一个非常深奥和专业的领域，其实还有非常多的工具和方法来深入挖掘更多细分的领域。但对于大多数营销人而言，如果你能熟练掌握这个思维导图中的"数据收集"和"结果展示"，就可以开始"打天下"了！

■ 本章要点

市场洞察是市场营销管理的起点，也就是市场营销管理八大经典模块中的第一个模块，它包含宏观环境洞察、行业洞察、竞争者洞察和目标客户洞察。有五个经典而实用的市场洞察模型帮助我们把相关信息和数据结构化地展现出来。

市场洞察数据可以被分成"一手数据"和"二手数据"两大类。我们通常先收集二手数据，如果二手数据实在不够用了则考虑收集一手数据。一手数据的收集方法是：先用"焦点座谈会"或"深度访谈"这样的定性调查工具来发掘未知、挖掘深度，然后用"调查问卷"这样的定量调查工具来将态度、行为、趋势等用数字表达出来。

数据收集的方式正在发生重大变革，"利用技术手段来追踪"正在取代"向客户提问"的方式成为主流的数据收集方式。

即使没有市场洞察其实我们也可以打仗，只是打得没那么准而已。市场洞察的本质是：让我们了解更多，打得更准！这是一个需要日、月、年持续做的工作，且永无止境。

■ 本章思考

1. 最近半年，你所在的企业做过什么市场洞察方面的工作？用了什么数据收集的方法？
2. 有哪五个经典模型被用来展示市场洞察的结果？
3. 你能举出一个"潜在进入者"干掉"现有竞争者"的案例吗？
4. 一手数据和二手数据有什么区别？
5. 为何在调查问卷之前，通常会有"焦点座谈会"或"深度访谈"这样的定性调查环节？
6. 为何"利用技术手段来追踪"正在取代"向客户提问"的方式成为主流的数据收集方式？

第三章 客户细分和目标客户选择：
取舍"只服务谁"，给自己一线生机

在高度竞争的时代，决定"只服务谁"让我们因差异化而拥有一席之地成为可能。为何我们不要服务所有客户？为何有一家公司叫奥美互动？为何面对英孚教育，华尔街英语只选择专注商务人群？为何现在我们每次打开天猫看到的产品页面都不一样，并且与爸妈打开天猫看到的产品页面也不一样？

市场营销管理八大经典模块

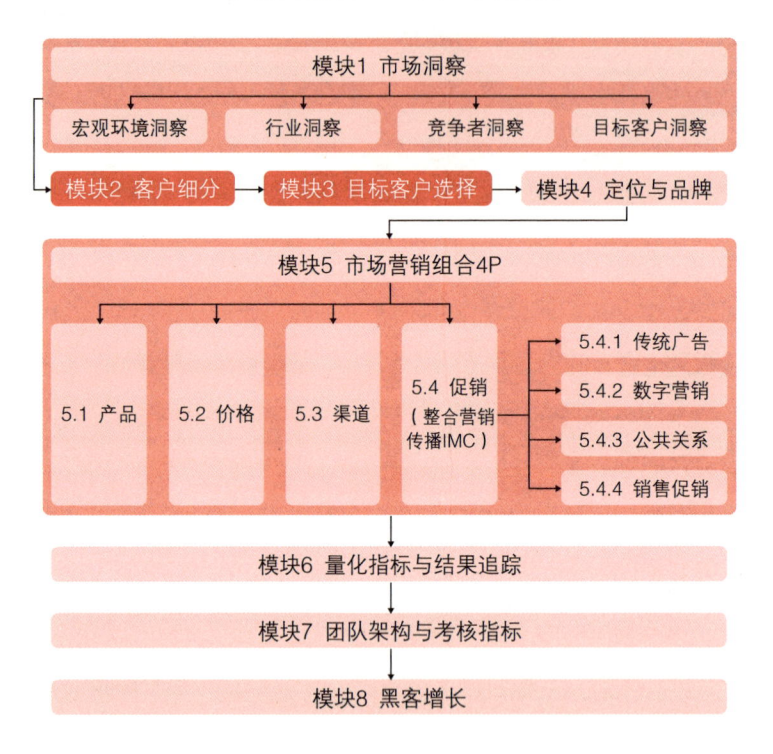

模块1 市场洞察
- 宏观环境洞察
- 行业洞察
- 竞争者洞察
- 目标客户洞察

模块2 客户细分 → 模块3 目标客户选择 → 模块4 定位与品牌

模块5 市场营销组合4P
- 5.1 产品
- 5.2 价格
- 5.3 渠道
- 5.4 促销（整合营销传播IMC）
  - 5.4.1 传统广告
  - 5.4.2 数字营销
  - 5.4.3 公共关系
  - 5.4.4 销售促进

模块6 量化指标与结果追踪

模块7 团队架构与考核指标

模块8 黑客增长

【本章节涉及的人名及企业名称】

耿乐、蓝城兄弟、奥美互动、英孚教育、华尔街英语、长城汽车、微信、钉钉、京东、天猫等。

"客户细分"和"目标客户选择"是市场营销管理八大经典模块中的第二个和第三个模块。因为在实战中"客户细分"和"目标客户选择"是紧密相连的前后两个工作,并且通常一起做,所以我们把这两个模块放在一起梳理。用大白话来说,这两个模块是在合力回答一个问题:我们"只服务谁"!

上一章详述的"市场洞察"模块(第一模块)让我们对宏观环境、行业、竞争者和目标客户了解更多,而随后的"客户细分"(第二模块)和"目标客户选择"(第三模块)是市场洞察首先推动发生的分析和决策。

回答出"只服务谁"需要CMO和企业最高层极高的胆识,因为取舍太难。有太多的实战案例证明回答好这个问题才能让我们在激烈的竞争中有一席之地,甚至让市场营销工作的杀伤力事半功倍!

"客户细分"和"目标客户选择"的基本问题是:

1. 为什么我们不要服务所有的客户?
2. 客户细分怎么做?

3. 目标客户选择怎么做？

进入后面的内容之前，你可以带着这几个问题边阅读边思考：为什么我们不要服务所有客户？为何最早一代的汽车都是黑色？为何现在我们每次打开天猫看到的产品页面都不一样，并且与爸妈打开天猫看到的产品页面也不一样？

3.1 为什么不能服务"所有"客户？

"客户细分"和"目标客户选择"是市场营销战略中一定会有的内容，但因为它们好像没有直接带来产出，所以很多人会觉得这两件事情是"假把式"。"客户细分"和"目标客户选择"的驱动力是：面对竞争，让自己有差异化的前提和一线生机！

在竞争不充分或生产能力有限的时代，我们可以或者不得不认为所有的客户都是一样的，这是为何最早一代的汽车全都是黑色。但随着竞争压力变大和消费者更加多样化，我们不得不把客户分成很多细分群体，所以后来有了红色汽车，还有了高性能两门跑车。在高度竞争的时代，如果没有目标人群的取舍，几乎等于没有生存的机会。

【案例】

如果时间回到2012年，在微信和QQ之后，如果你想再创一个社交产品，请问你会做什么？2012年，在北京外交公寓内组织的一个关于中小企业发展的官方活动中，我遇见了蓝城兄弟（BlueCity）的创始人耿乐。他自我介绍说做社交产品，我们当即很礼貌地对他们表示担忧，因为市场上已经有微信、微博、人人网和QQ这样的市场占有率很高的社交产品了。但当他说蓝城兄弟的产品"只服务于同性恋人群"的时候，我们眼前一亮：这个细分市场上的产品服务空白为他们提供了与已有巨头形成"差异化"的可能，并为他们自己提供了一线生机（否则几乎没有存活的机会）！在2020年7月，蓝城兄弟于美国纽交所上市。如果站在今天回看2012年之后生存下来的社交类产品有哪些，除了蓝城兄弟，还有陌陌、Soul和钉钉。它们有一个共同的特征：只服务一种类型的客户。

当然，选择"只服务谁"并不仅仅是"后来者"和"弱小者"的竞争方式，大企业在高度竞争环境下也会用同样的方式。以皮卡起家的长城汽车投入巨资进入市场规模更大的轿车市场，并于2007年推出首款轿车产品，但市场反响冷淡，企业陷入销量和利润下滑的困境。如果你是长城汽车的企业负责人，当面对通用、福特、大众、丰田、本田、日产、标志还有后进入的观致等汽车品牌的时候，请问你会怎么选择？2008年长城汽车调整方向，将目标人群锁定为越野车客户（而非所有类型的汽车客户）。自此长城汽车发展成为越野车细分市场的领先者，在竞争激烈的汽车市场占据一席之地。

你可能会追问既然我们要取舍只服务谁，那凭什么微信就可以服务所有客户呢？在钉钉出现之前，私人和工作场景的沟通都会在微信里面完成。但当竞争加剧，钉钉成为主流的工作场景沟通协同工具之后，微信已经往回退到专注私人沟通场景了。也就是微信也在一步一步被逼退到专注部分细分场景了，而非所有人的所有沟通场景。这也是为何最早的汽车都是黑色，后来有了红色轿车和高性能两门跑车，因此黑色四门轿车"退回"去成为专注于"商务场景"的原因（越来越少的家庭用轿车会选择黑色）。

【案例】

英孚教育和华尔街英语都是线下英语培训机构的全球领导者，但面对强大的英孚教育，华尔街英语把自己的目标客户设定为所有成人客户中的"商务人士"这一部分，这一"克制"的目标客户选择让华尔街英语在市场上能有一席之地。

最后，"只服务部分客户"的理论和实践其实比我们想象中走得更远！大约50年以前，就有学者和企业提出，"每一个"客户就是一个独立的客户细分市场，我们应该用不同的产品来应对每一个客户，也就是每一个细分市场；所以后来出现了一个专有名词，一对一营销（One-to-One Marketing）。

奥美集团也是在那个时代在旗下成立了一家公司叫奥美互动（OgilvyOne）。到目前为止，涉及需要工业化生产的产品，因为规模经济这个原理的限制，几乎还做不到为每一个客户定制一个不同的产品，比如可乐、卫生纸、电视机、手机和汽车等。但在部分领域，比如电商平台，已经实现了把单个客户作为一个单独的细分市场。比如，你现在登陆天猫和京东，每次看到的产品页面其实是不一样的，并且与爸妈看到的也是不一样的，那是因为这些电商平台已经基于你个人的浏览和购买行为计算出应该给你推送什么样的商品，也就是大家说的"千人千面"。

3.2 客户细分和目标客户选择：两步合力回答"只服务谁"

曾经有人问我，我们可以不做客户细分和目标客户选择吗？我的答案是：可以！但，即使你不做，只要你的产品进入市场，其实已经自然而然地发生了客户细分和目标客户选择这两件事情。比如，你什么都不想，把一家餐馆开进上海陆家嘴的国金中心，背后其实已经稀里糊涂地完成了客户细分和目标客户选择，但很可能与自己的初衷和竞争能力是不相符的。所以，回到原点，我们主动体系化、结构化地做好客户细分和目标客户选择，这是我们塑造差异化并给自己一线生机的前提！

"客户细分"就是用一个或同时用几个维度来将客户分群。就像拿一把刀把一个完整的生日蛋糕横向和纵向切若干刀,最后看到的每一小块蛋糕就是一个细分市场。

将客户分群的"维度"可以是:地域、年龄、可支配收入、性别、家庭角色、对某个产品性能的关注度,甚至性取向等任何维度。同时用的切分维度越多,则客户也被分得越细。但,不是分得越细越好,而是要恰到好处。这个恰到好处指的是:每个细分市场可以被差异化地描述,且每一个细分市场的量级也够大(Sizable Market),否则面对无法描述或量级实在太小的细分市场,我们其实无法操作也难以创造足够的价值,当然这样的市场细分也就没有意义了。

"目标客户选择"是从所有的子客户群中只选择部分作为主攻目标。当下的市场竞争已经很难让一个产品适合所有人,所以企业会只选择一个或若干个子客户群作为主攻目标,其产品只用于满足这些人群,因为这样能让自己面对这群人的时候足够匹配,并且相对竞争对手有足够的差异化和竞争力。

在长城汽车的案例中,"只服务越野车客户"这个结论看上去很简单,背后其实一前一后走了客户细分和目标客户选择这两步。

首先,客户细分。"客户的车型偏好"和"价格区间"是两个被用来将客户分群的维度。在"客户的车型偏好"这个维度上,家用乘用车下分出了轿车、越野车和MPV(多用途汽车)这三种车型。在"价格"这个维度上,分出了15万以下、15万到30万、30万到50万、50万到80万和80万以上五个价格区间。做到这儿,我们的客户细分算完成了:两种维度交叉相乘,一共有15个客户细分人群。

然后,目标客户选择。"越野车"且"15万以下""越野车"且"15万到30万"这两个子客户群被选出来成为主攻目标。推动如此"选择"的主要因素是:长城汽车从皮卡车型起家的企业能力和基因更有利于在越野车领域竞争(而非普通轿车领域内);30万及以下越野车的市场容量占据越野车市场的大多数;并且,越野车国际巨头丰田、Jeep和路虎在高端细分市场上有强大品牌优势和竞争力,所以需要"暂避其锋芒"。

<u>实战中,企业的市场营销负责人和企业最高层经历的复杂分析和艰难取舍其实比上面的"轻描淡写"要更加复杂和"惊心动魄"。</u>并且在未来若干年,虽然"客户细分"几乎没变,但"目标客户选择"非常可能发生变化:比如,当长城汽车在30万及以下越野车领域成为绝对的领先者,并积淀了足够的品牌认知和品牌口碑之后,"越野车"且"30万到50万"这个子客户群非常可能会被拓展增加进主攻目标之一。现在我们就可以看到长城汽车的哈弗H9[1]正在"蓄势"朝这个目标发起尝试性的攻击了。

---

[1] 哈弗H9是哈弗系列中最高级别的车型,于2015年上市,售价区间在人民币20.98万元到36.88万元之间。截至2020年,哈弗品牌下的车型还有M6、H2、H4、H5、H6、H7、F5、F7X,它们的售价区间是人民币6.6万元到18万元。

3.3　网格模型：客户细分和目标客户选择的实用工具

在做客户细分的时候，所有客户（"一个完整的蛋糕"）很可能被切分为几个、十几个甚至几十个子客户群，并且需要按照合理的逻辑从中选出一个或少数几个作为"只服务谁"的答案，人脑的思维在此通常不够用。所以，"网格模型"成为在客户细分和目标客户选择时的实用工具。

"网格模型"的优势是能将客户细分和目标客户选择的过程结构化、"可视化"，并且非常方便团队之间的理解和沟通。假设你脑子里面有十几个子客户群，我脑子里面也有十几个子客户群，我们要想沟通清楚到底是怎么细分的，并且怎么选出其中的哪几个，真的很难且效率太低。

【小澄清】

因为在做客户细分的时候出现了"格子"的形态和概念，所以也有很多人会用"市场区格"或"客户区格"的说法，其实他们想说的就是"客户细分"。

在实战中，几乎不会出现只用一个维度将客户细分的场景，因为只用一个维度会导致单个客户子群太大太粗了。比如，如果我们把客户只按性别分为"男"和"女"两个客户子群，或按地域分为"国内"和"海外"两个客户子群。这样的子群对我们而言太大太粗,没有实操意义。所以我们将介绍网格模型的两个维度、三个及以上维度的用法。

网格模型:两个维度的用法

在长城汽车的案例中,"价格区间"和"客户的车型偏好"这两个被用来将客户分群的维度分别是网格模型中的"横轴"和"纵轴"。横轴有五个分区:15万以下、15万到30万、30万到50万、50万到80万和80万以上。纵轴有三个分区:轿车、越野车和MPV。这样横轴和纵轴的"横竖交集"则产生了15个客户细分子人群,非常一目了然。最终B2A1和B2A2两个子客户群被作为目标客户选择的结果,也就是"偏好价格在15万元以下的越野车客户"和"偏好价格在15万到30万的越野车客户"是主攻目标。在不久的将来,B2A3,即"偏好价格在30万到50万元的越野车客户"也可能被新增纳入主攻目标之一(见图3-1)。

		客户购车价格区间(单位:人民币/元)				
		A1	A2	A3	A4	A5
		15万以下	15万到30万	30万到50万	50万到80万	80万以上
客户偏好车辆类型	B1 轿车					
	B2 越野车	目标客户选择1	目标客户选择2			
	B3 MPV					

图3-1 长城汽车客户细分和目标客户选择的"网格模型"

网格模型：三个及以上维度的用法

在蓝城兄弟的案例中，他们的客户细分和目标客户选择其实比想象的更复杂。在常规性取向之外，有LGBT四种人群，他们是女同性恋者（Lesbians）、男同性恋者（Gays）、双性恋者（Bisexuals）与跨性别者（Transgender）。

首先，在网格模型的横轴上，客户被按照性取向分成常规性取向和特殊性取向两大类，在特殊性取向人群下面再有LGBT四个分区：女同性恋者、男同性恋者、双性恋者与跨性别者。

其次，在网格模型的纵轴上，客户被按照地域分成中国和海外两个区。因为LGBT人群在中国市场内相对较小，在世界范围内非常多国家也面临类似的产品服务的市场空白问题，因此这一类的产品有天然驱动力往海外市场扩张，通过扩充地域来弥补国内目标市场的规模不足；所以，在纵轴上，客户所在地域按照"中国市场"和"海外市场"这两项进行了分区（其实大部分企业的地域分区方法用的都是一、二、三、四、五线城市这样的分法，因为主要目标在国内市场）。

横轴上其实已经用了两个维度：是否特殊性取向、特殊性取向中的类别。纵轴上用了一个维度：客户所在的地域。所以虽然这个网格模型是二维的，但它用了三个维度将客户切分。为了操作、计数和理解方便，你可以给切分维度加编码，比如看到 A、B、C 这三个编码的时候，就很容易计算出已经用了 ABC 三个切分维度了。

早期蓝城兄弟的产品把 B1C1 和 B2C1，也就是"中国市场的男同性恋"和"中国市场的女同性恋"作为主攻目标。但在 2020 年于美国纽交所上市前后，当产品和品牌得到了锤炼和认可，在更多资本力量的加持下，B1C2 和 B2C2 也被新增加入成为主攻目标，也就是"海外市场的男同性恋"和"海外市场的女同性恋"也成为主攻目标（见图 3-2）。

		客户性取向				
		常规性取向	特殊性取向			
		A	B1	B2	B3	B4
		异性恋者	Lesbians 女同性恋者	Gays 男同性恋者	Bisexuals 双性恋者	Transgender 跨性别者
客户所在地域	C1 中国市场		目标客户选择 1	目标客户选择 2		
	C2 海外市场					

图 3-2 蓝城兄弟客户细分和目标客户选择的"网格模型"

其实，无论需要用多少维度来细分客户，我们都可以找到一个方法来画出用于客户细分的网格模型。"用什么维度"和"用几个维度"来切分客户是实操中的关键问题。我们一般先从切一刀开始，然后切第二刀，再然后切第三刀……直到细分后的单个客户群够大，并且我们能从中选择出能让我们有差异化可能的一个或几个子客户群。

【小澄清】

　　大家经常会把"客户细分"和"目标客户选择"混为一谈，但其实是一前一后发生的两个独立模块。很多市场人士已经熟练掌握了操作技巧，在一张图里面，就把这两个模块一起做了，但我们必须强调流程上"客户细分"和"目标客户选择"是一前一后的两步。过往的实操经验告诉我们：从效果上来说，必须"两步分开"且是"一前一后"的原因是，第一步先专注客户细分才会确保切分的合理和客观；而如果带着目标客户选择的倾向或偏见去切分，会导致客户被细分得杂乱无章。

　　当我们决定了"只服务谁"，那提供给他们的到底是"什么样"的产品和服务，并且如何差异化，这就是后面的第四个模块，也就是"定位与品牌"要来解决的问题！

■ 本章要点

　　"客户细分"和"目标客户选择"是市场营销管理八大经典模块中的第二个和第三个模块，排在"市场洞察"这个模块之后。用大白话来说，这两个模块是在合力回答一个问题：我们"只服务谁"！其核心驱动力是：面对竞争，让我们有差异化的可能!

"客户细分"就是用一个或同时用几个维度来将客户分群。"目标客户选择"是从所有的子客户群中只选择部分作为主攻目标。人家经常会把"客户细分"和"目标客户选择"混为一谈,但其实是一前一后发生的两个独立模块。回答好我们"只服务谁"需要CMO和CEO的极高的能力和胆识,其结果是能让我们在激烈的竞争中有一席之地,甚至让市场营销工作的杀伤力事半功倍!

■ 本章思考

1. 为什么我们不要服务所有人群?
2. 为什么说取舍只服务谁是给自己一线生机?
3. 为什么说最小的客户子群是"一个客户"?
4. 你曾经用过什么"维度"来做客户细分,也就是将客户切分成若干子群?
5. 你曾经在目标客户选择的过程中遇到的最大困难是什么?
6. 思考为何"雷克萨斯"要从"丰田"分离出来,并只服务高端客户?

第四章 定位：
占领一个差异化的"位置"

定位是"在客户心智中，占领一个差异化的位置"。定位可能被行业小白和大咖说"烂"了，有的甚至过于花哨并有误导！有三种经典的定位方式，定位需要"一语中的"说清楚"我们是谁、做什么、有何不同"。定位其实是"品牌的定位"，让品牌去占领那个差异化的位置。当品牌占领了那个"位置"后，品牌会更强大！

市场营销管理八大经典模块

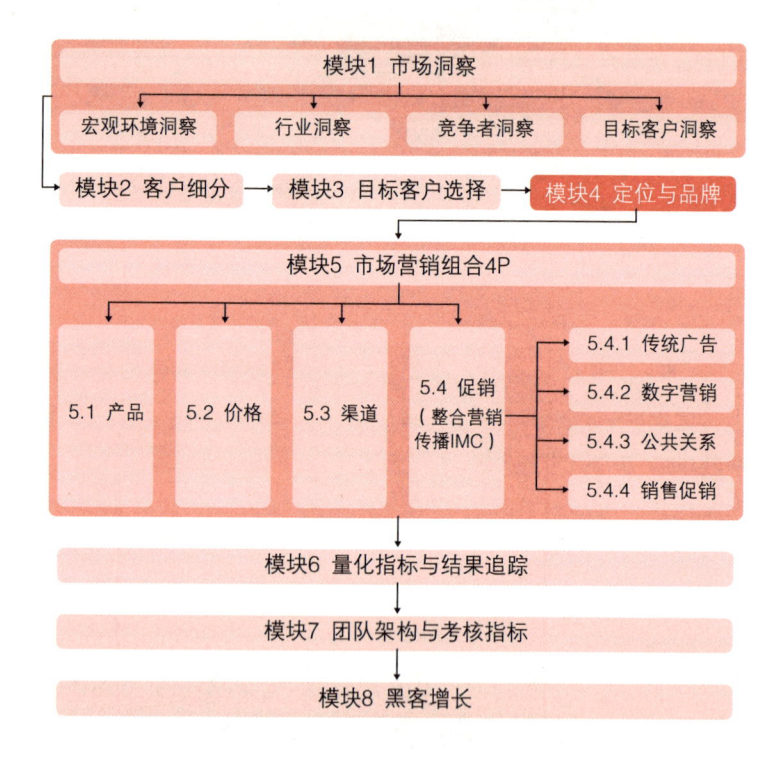

模块1 市场洞察

- 宏观环境洞察
- 行业洞察
- 竞争者洞察
- 目标客户洞察

模块2 客户细分 → 模块3 目标客户选择 → 模块4 定位与品牌

模块5 市场营销组合4P

- 5.1 产品
- 5.2 价格
- 5.3 渠道
- 5.4 促销（整合营销传播IMC）
  - 5.4.1 传统广告
  - 5.4.2 数字营销
  - 5.4.3 公共关系
  - 5.4.4 销售促销

模块6 量化指标与结果追踪

模块7 团队架构与考核指标

模块8 黑客增长

【本章节涉及的人名及企业名称】

艾·里斯、杰克·特劳特、学而思、VIPKID、VIPABC、51Talk、掌门1对1、溢米辅导、七喜、汉堡王、王老吉、联邦快递、佳洁士、格力、沃尔沃、宝马、奔驰、可口可乐、柯达、安飞士、简一等。

"定位与品牌"是市场营销管理八大经典模块中的第四个模块,也是所有模块的"灵魂":市场洞察(第一)、客户细分(第二)和目标客户选择(第三)这三个模块都是为了"分析并决定只为谁提供什么样的差异化定位和(与定位对应的)品牌";而其后的市场营销组合(第五)、量化指标与结果追踪(第六)、团队架构与考核指标(第七)和黑客增长(第八)模块则是付诸行动"做出这样的品牌"。

"定位"和"品牌"是各自独立却高度关联的两个元素,并且它们在理论体系和落地打法上的重要性都极高。所以,虽然定位和品牌共同组成了第四模块,我们还是用第四章和第五章来先后分别梳理"定位"和"品牌"。

定位可能是市场营销理论中最被广为认知的,也是市场营销管理所有模块中难度最大、最考验智慧的。不过,很有趣,我的朋友和同事们在跟我沟通的时候让我感觉到他们最不想再听到的就是这个定位模块,可能是市场营销圈内已经把定位这件事情说到烂大街了,甚至有些言论过于花哨并略有误导。那我们就为大家梳理最经典的理论体系、给大家可落地的"干货打法",并且点破90%的营销人都会有的"混沌"。

关于"定位"的基本问题是:

1. 定位是什么?真有我们误解和用错的方面吗?
2. 定位理论中有哪些经典的定位方式?
3. 定位如何落地?

进入后文之前,你可以带上几个有趣的问题:为何很多人觉得"定位"与"点子大王"的套路有点像啊?有哪些特别厉害的"定位"成功案例?定位和品牌经常被搅在一起,定位和品牌到底是什么关系?

4.1 定位的极简定义:在客户心智中占领一个差异化的位置

定位理论被普遍认为起始于1972年,艾·里斯和杰克·特劳特当时在《广告时代》杂志撰写了"定位新纪元"系列文章,并于1980年出版了经典著作《定位:争夺用户心智的战争》。定位的初衷是为了在激烈的竞争环境下,在纷繁复杂的信息海洋中,以极简的方式在客户心智中形成差异化且长期的认知。

定位的极简【定义】是：在客户心智中，占领一个差异化的位置。定位让我们在高度竞争的环境下（拥挤而充满噪音）更容易被看到和被听到，更容易让客户做出有利于我们的选择。

定位的方式主要有以下三种：领导者定位、挑战者定位、重新定位竞争对手的定位。那我们为什么需要"定位"呢？营销人其实一直在用一个相似功能的词"差异化"（Differentiation），定位的本质是在落地差异化。定位理论让差异化这件事情变得更加具体、更加体系化，也更加高级了！

做市场营销的人，有谁不知道要通过差异化来打败对手呢？！在高度竞争的时代，产品太多、信息过载（广告投放量巨大）；而面对客户大脑的信息过载，几乎所有企业不得不做的事情就是加码投入更多的广告，其实也是给客户的大脑硬塞了更多的信息，如此陷入恶性循环。但，定位理论为我们提供的出路是：面对传播过度的社会，用极度简化的信息让客户感知到我们的差异化！比如，沃尔沃是"安全"，宝马是"（高）驾驶性能"，联邦快递是"隔夜送达"，佳洁士是"防蛀"，汉堡王是"烤制非油炸"和王老吉是"降火"。

【小澄清】

定位理论的创始人特别强调："我们不要说产品定位（Product Positioning），而只能说定位（Positioning），因为虽然定位是从产品出发，但定位不仅关乎产品本身，它也会涉及名称、价格、包装、销售环境等所有帮助我们在客户心智中建立定位的各方面。"[1]比如"沃尔沃,最安全的汽车",这个定位虽然是从汽车的产品安全性能本身出发,但定位不仅仅关乎产品性能,它也会涉及价格、销售人员话术、4S店销售环境等帮助我们在客户心智中占领"安全"那个"位置"的各个方面(第六章会有详解)。"产品定位"好像只比"定位"多了两个字,但其实是对经典体系的曲解和破坏,这会给我们的理解和应用带来困扰。

4.2 三种经典的定位方式和一个定位脑图

定位具体怎么做呢?有三种经典的定位方式:领导者定位、挑战者定位、重新定位竞争对手的定位。定位的理论和实战从20世纪70年代发展至今,市场上发生的定位案例基本都被这三种覆盖了。

领导者定位

首先,领导者定位,用大白话说就是强调"人无我有"。

---

[1] 此段文字引自《定位:争夺用户心智的战争》的前言部分。

一个产品或服务品类的"先进入者",或者,希望客户相信自己是这个品类的先进入者的品牌,通常都会用领导者定位。比如,奔驰会强调自己是汽车的发明者来显示自己的产品实力和江湖领导地位;柯达强调自己是胶卷的发明者;可口可乐不仅强调自己是可乐的发明者,而且强调自己"正宗"。

另外,"网校就选学而思""在线青少儿英语就选VIPKID""好空调格力造""怕上火喝王老吉"这些都是明显的有领导者定位意图的表达。

领导者定位是几乎所有市场竞争参与者最爱的定位方法和结果。只要有一丝机会,市场竞争者都愿意把自己定位成领导者。因为领导者的定位本身会构成护城河,而通常居于领导者定位的品牌的市场份额也真的最大,并且甩开第二名很远,甚至在一级和二级资本市场也会被特别追捧。对于创业公司而言,从B轮和C轮融资开始,风险投资机构都更加愿意不断在领导者地位的那一个(或顶多两个)品牌下注;就连股神巴菲特也更倾向于买入该品类领导者定位(和地位)的股票,巴菲特之所以几十年都持有可口可乐的股票,是因为可口可乐就是可乐的代名词。甚至他一反"不碰高科技股"的原则而购买苹果公司的股票,因为巴菲特说iPhone已经是智能手机的代名词。

挑战者定位

挑战者定位（或称跟随者定位），用大白话说就是强调"人有我优"（或"人有我不同"）。在领导者的身上找到薄弱环节或者在领导者尚未满足客户的需求点上找到"空白"，让自己填补进这个空白。这样的"空白点"可以是产品尺寸、价格和服务品质等所有可能的机会点。

"安飞士（Avis）在租车行业只是老二，那为什么还选我们？因为我们工作更努力！我们柜台前的队伍更短。"安飞士发现的这个"空白点"是服务的缺憾，所以安飞士（不怕）强调自己的挑战者地位，并且告知客户自己的优势是服务体验更好。

【案例】

我自己亲历了两次应用"挑战者定位"的规模化实战对决，让我更加深刻地体验了挑战者定位方法的威力。作为在线英语赛道的领导者VIPABC（后来的TutorABC）的市场营销第一负责人，我们以"领导者"的身份接受了来自51Talk的挑战；作为溢米辅导的市场营销第一负责人，我们以"挑战者"的身份向掌门1对1发起了挑战。

面对VIPABC这个在线英语赛道的先进入者和领导者，2014年，51Talk发起的首轮攻击就是"在上海一杯咖啡的价格可以做什么"，其影射的含义是在上海一杯咖啡的价格可以在51Talk上一节在线真人外教课，而此时VIPABC的课时单价数倍于此。51Talk用更低的课时单价来挑战先进入者。后来，通过各种努力，51Talk的"更低价"和支撑其低价策略的"菲律宾外教"师资的印象牢牢进入到了客户心智中。而VIPABC在应对挑战的时候，不仅不打价格战，反而更加强调"高品质"和其背后的"欧美系外教"，因为市场洞察告诉我们更多的客户会认为更贵的是时间（不是课时费），并且欧美系外教能给自己更纯正的学习体验和效果。

掌门1对1和溢米辅导是在线学科辅导领域的头部竞争者。掌门1对1起步更早，销售额规模数倍于溢米辅导，并且当掌门1对1已经宣称有数万名老师的时候，溢米辅导只有数千名老师。但"挑战者"溢米辅导发现"领导者"掌门1对1的虚弱点和自己的优势点是：自己沿用了传统线下家教行业的师资来源方案，而掌门1对1的数万名师资是以兼职大学生为主要的师资来源。

溢米辅导虽然只有数千名教师，但100%是全职老师，即每个老师都是公司与其签订正式劳动合同、公司为其缴纳社保公积金；每个老师都是经过严格招募、培训和激励的全职员工。两种师资的差别自然是全职老师更稳定、更会教。所以排除销售规模大小的差异，总体而言，在教学品质和学员上课效果上，溢米辅导会"天然"更有优势，当然全职老师的薪资福利成本也更高。所以，从2017年开始，溢米辅导提出并持续强调"全职老师更稳定更会教",并且课时单价的设置一直都是掌门1对1的1.3倍到1.5倍之间。虽然在2018年和2019年掌门1对1也调整策略开始大规模招募全职老师,并让全职老师的占比不断提升,但"全职老师"这个在客户心智中的"位置"已经被溢米辅导牢牢占领了。

简单来说,在客户心智中,如果不能跟掌门1对1争"规模最大"的领导者位置,那就争"品质最高"的那个位置。溢米辅导选对并且做到了!2020年,当在线学科辅导一对一赛道的大战基本结束的时候,我们回看退出竞争的学霸1对1、理优教育和昂立嗨课堂等,它们在客户的心智中确实没有一个明确而差异化的位置,自然也就没有让它们留下来的理由。

重新定位竞争对手的定位

重新定位竞争对手的定位,用大白话说就是已经有领导者了,并且很难找到"空位"做挑战者定位来实现人有我优,那就"创建自己的空位"。汉堡王是"烤制非油炸的汉堡"、七喜是"非可乐饮料"都是非常典型的重新定位竞争对手的定位。

"简一,大理石瓷砖开创者",为了避开并甩开与传统瓷砖和大理石品牌的高度竞争,简一开创了属于自己的品类,向客户强调"简一"具有大理石的装饰效果和低吸水率瓷砖的优异使用性能。

使用"重新定位竞争对手的定位"通常是已经尝试过"领导者定位"和"挑战者定位"无门之后的无奈和另辟蹊径。这样的情况一般发生在竞争超级激烈的行业和品类，比如上述典型案例中的汉堡王、七喜和简一都是在强大竞争对手云集的食品行业、饮料行业和装修建材行业中的后进入者。

【干货】

在三种定位方式的运用中，我们经常遇到的疑问是我们采用的定位方式到底属于哪一种啊？其实不必纠结到底是哪一种！大量的实战案例告诉我们，我们的定位方式似乎既属于领导者定位，可能也属于重新定位竞争对手的定位。比如汉堡王最开始说自己是"烤制非油炸的汉堡"，那如果客户和行业慢慢地认为烤制非油炸汉堡变成了一个新的品类，同时大量竞争对手涌入，而这个品类的领导者是汉堡王，这样不就变成了一个领导者定位了吗？再比如，"简一，大理石瓷砖开创者"，简一开始用了重新定位竞争对手定位的方法，但若干年后大理石瓷砖品类挤进来了很多品牌，那么简一的这一句定位表达会被理解成领导者定位吗？

所以，我们不必纠结到底在用哪种定位方式，无论用哪种定位方式，我们所强调的本质都是"一语中的"讲清楚差异化：用一个词或一句话来表达清楚"我们是谁""我们做什么"

和"我们有何不同"。比如,沃尔沃汽车,最安全的汽车。基本把这三个要素都讲清楚了,这也是为何沃尔沃的形象如此深入人心的重要原因。

定位脑图

定位的"一语中的"需要极简。虽然字面上可能没有明说(因为字数不够),但任何好的定位都应该能被理解和被拆解成"我们是谁""我们做什么""我们有何不同"这三个要素。

我们在实战中创造了一个很实用的"定位脑图",用来巧妙地表达并拆解定位需要涵盖的"我们是谁""我们做什么"和"我们有何不同"这三个要素。并且在图中我们能看到自己的竞争对手都是哪些,也即参照物品牌是哪些。这个工具在市场营销战略和市场营销计划的文件中经常会被用到,当我们将这个定位脑图展示给CXO和内部市场营销团队的时候,大家能非常形象地感受到:在客户心智中,相对于众多竞争参照物(品牌),我们要占领的那个差异化的位置是什么。定位的"一语中的"是对外的,比如将其放在广告中。而定位脑图是用于对内的沟通工具。

定位脑图的制作包含两步:首先,把竞争参照物(品牌)和自己的品牌放进脑图中;然后,分别极简回答"我们是谁""我们做什么""我们有何不同"这三个要素。

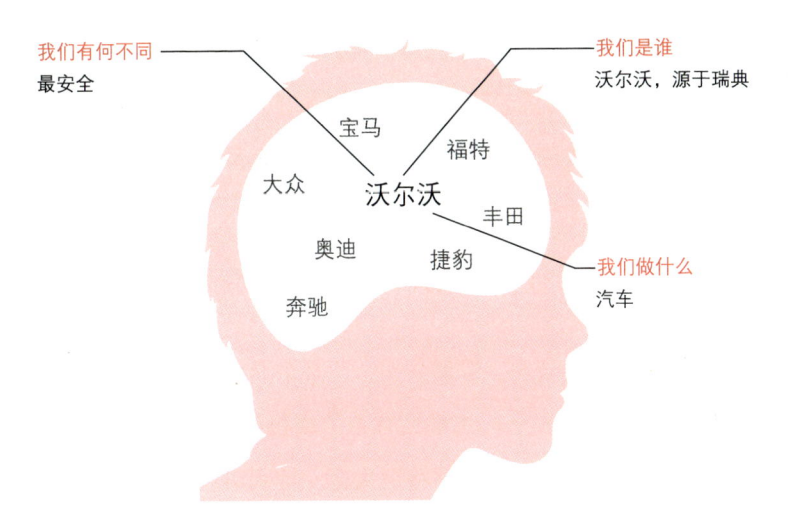

图4-1 沃尔沃的定位脑图

【案例】

在沃尔沃的定位脑图中（见图4-1），沃尔沃被众多竞争参照物（品牌）所围绕；沃尔沃的"最安全的汽车"定位被具体理解和拆解成了："我们是谁：沃尔沃，源自瑞典"；"我们做什么：汽车"；"我们有何不同：最安全。"

另外，如果为汉堡王也做一个定位脑图，汉堡王的"烤制非油炸的汉堡"在定位脑图中可以被拆解成："我们是谁：汉堡王，源自美国"；"我们做什么：汉堡包"；"我们有何不同：烤制非油炸"。同时我们可以在汉堡王的品牌标识周围放上麦当劳和肯德基等其他竞争品牌。同理,宝马的"(高)驾驶性能",联邦快递的"隔夜送达",佳洁士的"防蛀"和王老吉的"降火"都可以被放进定位脑图中进行表达和拆解。

4.3　定位的希望变成结果:让品牌占领那个"位置"

无论是广告公司、咨询公司,还是企业内部的 CEO、CMO 和市场营销专业人士,几乎没有人(或机构)不认同"定位"的好处,并且几乎所有人都特别兴奋、特别热衷于用三种定位方式中的一种来找到那句"一语中的",甚至好像能找到那句"一语中的"的定位是市场高手的标志(这也是好像很多点子大王聚集于此领域的原因)。

但如果多问一下,请问这句"一语中的"如何落地呢?具体怎么体系化地影响我们的日常市场营销工作?定位与品牌到底是什么关系呢?一大半的营销人是答不上来的。不信,你也可以自问自答一下。

"定位"其实包含"希望"和"结果"两层含义。"希望"指我们希望在客户心智中占领那个差异化的位置;而"结果"指我们真的在客户心智中占领了那个差异化的位置。客观而言,定位的三种方式和我们热衷的"一语中的"都只是表达了"希望"而已。那如何实现"结果"呢?

首先,到底让什么去占领客户心智中的那个位置?答案是品牌！这个关键问题让我自己好多年都"如鲠在喉"。直到经过好多年的实战，我才真正领悟《定位：争夺用户心智的战争》在序言中就特别语重心长地强调"因为竞争是在心智中展开的，我们不可能将一个组织、一个企业实体塞入客户的心智，我们只能将代表企业产品或服务的符号——品牌植入客户的心智，所以定位的主体不是企业而是品牌"这句话的意义。无独有偶，菲利普·科特勒在他的经典著作《营销管理》中直接表达：通过雕琢"品牌定位"（Brand Positioning）建立一个强大的品牌。[1] 所以，"定位"是"品牌的定位"，我们要把"品牌"植入到客户心智中的那个独特"位置"，也即让品牌占领那个差异化的位置。当品牌占领了那个位置后，品牌会更强大，因为差异化！

其次，那如何实现让品牌占领客户心智中那个位置呢？"品牌"是一个包含功能价值和情感价值的承诺。我们需要根据那个"位置"的构想来设定品牌承诺所对应的功能价值和情感价值。这些功能价值和情感价值让客户感觉到、体验到这个品牌所代表的"谁，做什么，有何不同"，并且让客户相信这个品牌真的就在那个差异化的"位置"上。此时，定位也就从"希望"变成"结果"了。

---

1 摘自菲利普·科特勒的《营销管理》（*Marketing Management*）英文原版第15版的 PART 4（第四部分）。

下一章将详细梳理"品牌":一个包含功能价值和情感价值的承诺。

■ 本章要点

定位的极简【定义】是:在客户心智中占领一个差异化的位置。它的含义包括"我们是谁""我们做什么"和"我们有何不同"。定位的方式主要有以下三种:领导者定位、挑战者定位、重新定位竞争对手的定位。

那我们为什么需要"定位"呢?营销人其实一直在用一个相似功能的词"差异化"(Differentiation),定位理论让差异化这件事情变得更加具体、更加体系化,也更加高级了!在高度竞争的时代,产品太多、信息过载(广告投放量巨大);而面对客户大脑的信息过载,几乎所有企业不得不做的事情就是加码投入更多的广告,其实也是给客户的大脑硬塞了更多的信息,如此陷入恶性循环……<u>定位理论为我们提供的出路是:面对传播过度的社会,用极度简化的信息让客户感知到我们的差异化!</u>比如,沃尔沃是"安全",宝马是"(高)驾驶性能",联邦快递是"隔夜送达",佳洁士是"防蛀",汉堡王是"烤制非油炸"和王老吉是"降火"。

"定位"其实包含"希望"和"结果"两层含义。"希望"指我们希望在客户心智中占领那个差异化的位置;而"结果"

指我们真在客户心智中占领了那个差异化的位置。客观而言，定位的三种方式和我们热衷的"一语中的"都只是表达了"希望"而已。那如何实现"结果"呢？靠品牌！我们根据那个"位置"的构想来设定品牌承诺所对应的功能价值和情感价值。随后，这些功能价值和情感价值让客户感觉到、体验到这个品牌所代表的"谁，做什么，有何不同"，并且让客户相信这个品牌真的就在那个差异化的"位置"上。此时，定位也就从"希望"变成"结果"了。

■ 本章思考

1. 定位的方式有哪三种？
2. 你所在的企业正在用的定位方式是什么？竞争对手用的又是哪种定位方式？
3. 为什么定位理论的创始人特别强调我们不要说产品定位（Product Positioning），而只能说定位（Positioning）？
4. 思考"烤制非油炸"这个定位能为汉堡王节约市场花费吗？为什么？
5. 定位和品牌到底是什么关系？

第五章 品牌：
一个"承诺"

"品牌是一个包含功能价值和情感价值的承诺"。为何市场高手的差异化手段都聚焦在情感价值？可口可乐和百事可乐这100年到底在竞争什么？香奈儿卖给你的不是包包，而是你背包时的感觉？让劳斯莱斯的雨伞卖10万元一把的驱动力是什么？为何最大的品牌危机通常都是因为打破了自己的承诺？"承诺"让品牌占领客户心智中的那个"位置"！

市场营销管理八大经典模块

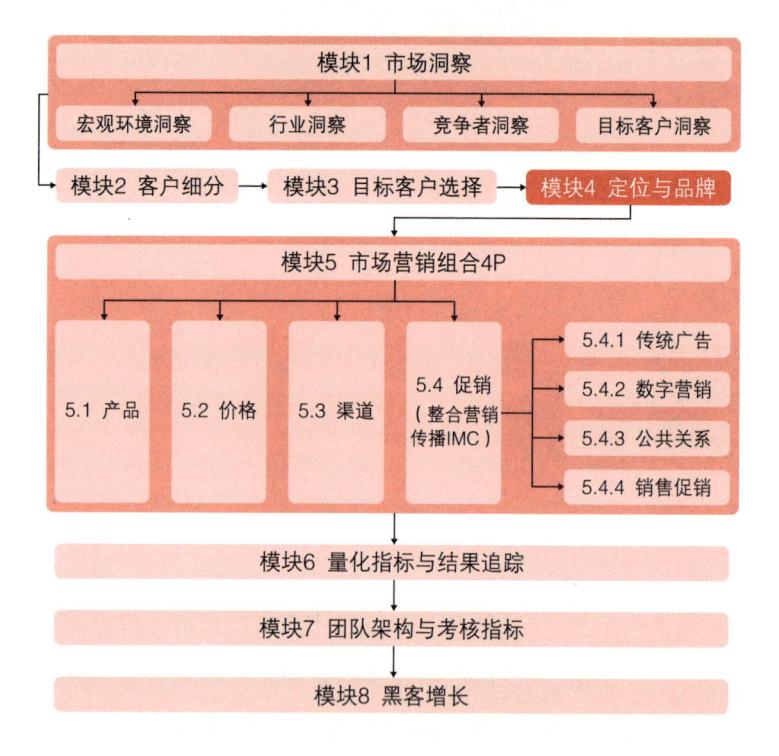

模块1 市场洞察

- 宏观环境洞察
- 行业洞察
- 竞争者洞察
- 目标客户洞察

模块2 客户细分 → **模块3 目标客户选择** → **模块4 定位与品牌**

模块5 市场营销组合4P

- 5.1 产品
- 5.2 价格
- 5.3 渠道
- 5.4 促销（整合营销传播IMC）
  - 5.4.1 传统广告
  - 5.4.2 数字营销
  - 5.4.3 公共关系
  - 5.4.4 销售促销

模块6 量化指标与结果追踪

模块7 团队架构与考核指标

模块8 黑客增长

【本章节涉及的人名及企业名称】

莱斯利·德·切尔纳托尼、沃尔沃、劳斯莱斯、大众、MINI、51Talk、VIPABC、香奈儿、固特异、可口可乐、百事可乐、苹果、肯德基、汉庭、康师傅、统一、蔡林记、大汉口、猎聘等。

"定位与品牌"是市场营销管理八大经典模块中的第四个模块，也是所有模块的"灵魂"：市场洞察（第一）、客户细分（第二）和目标客户选择（第三）模块都是为了"分析并决定只为谁提供什么样的差异化定位和（与定位对应的）品牌"；而其后的市场营销组合（第五）、量化指标与结果追踪（第六）、团队架构与考核指标（第七）和黑客增长（第八）模块则是付诸行动"做出这样的品牌"。

上一章我们梳理了"定位"，这一章我们来梳理与定位高度关联的"品牌"。为了说明白"品牌是什么、品牌怎么做"，本章节会梳理：大家对品牌的"混沌"、品牌的极简定义、市场营销战略中必用的"品牌价值图"工具、定位如何影响品牌、品牌和商标的差别等。

进入后文之前，你可以带上几个有趣的问题：为何市场高手的差异化手段都聚焦在情感价值上？可口可乐和百事可乐这100年到底在竞争什么？香奈儿卖给你的不是包包，而是你背包时的感觉？让劳斯莱斯的雨伞卖10万元一把的驱动力是什么？为何最大的品牌危机通常都是因为打破了自己的承诺？

5.1 品牌：90%的人"心知肚明"，却说不清

品牌满大街都是，营销人天天都在塑造品牌，有谁会认为自己不懂品牌吗？我面试过数以千计的市场营销方面的人才，其中很多是市场总监或品牌总监岗位的资深人士。<u>当被问及"什么是品牌"，他们中90%以上的人都回答得不清楚。品牌是一个典型的营销人"心知肚明"，却难以精准表达的模块！</u>不信，你也可以试验自问自答一下。

有很多有趣的现象，单从企业内的岗位名称这一个角度就可以看出大家对品牌的"崇拜"与"混沌"：很多广告公司的客户总监会把岗位命名为品牌总监，甚至一些企业市场营销部内的公关总监，也喜欢命名自己为"品牌公关总监"，可能是觉得包含品牌两字的岗位名称更高级；另外，不同企业市场营销部的品牌总监所覆盖的工作范畴也千差万别，可能是因为品牌可涉及的工作太多了，比如有的品牌总监只负责创意设计，而有的会同时负责品牌策略、产品组合、价格组合与整合营销传播中的部分或全部；也有些公司的市场营销第一负责人的岗位名称干脆就是品牌总监，而不是市场总监；你上猎聘搜

索品牌总监或品牌经理，如果不具体看职位描述，其实是不知道这个职位在这个企业内究竟是干什么的……

在英国伦敦政治经济学院读管理学硕士和在英国伯明翰大学读市场营销学硕士的时候，"品牌"是我最感兴趣的领域。在伯明翰大学教我们品牌课程的老师莱斯利·德·切尔纳托尼（Leslie de Chernatony）教授居然是Internal Brand理论[1]的发起人之一，似乎让我在寺庙里面遇到了扫地僧！之后，我做过美国固特异轮胎的中国区品牌负责人；再往后，我也曾任职英国大使馆文化教育处的大中华区市场营销负责人，在出国留学市场，"英国"这两个字相对于"美国""日本"和"澳大利亚"其实也是一个品牌名称，也就是国家品牌；再后来，作为VIPABC的中国区市场营销负责人，我带领团队与51Talk展开高端与中低端的品牌之战……因为这些经历，我对"品牌"有特殊的理解和情感，特别想用最简单的大白话帮助大家理解"品牌是什么、品牌怎么做"，以及背后必须要有的经典体系和落地打法！

---

1 Internal Brand理论的核心思想是：品牌是由内而发、由内而外。我们（企业内的所有人）发自内心地理解并相信品牌的含义（承诺），然后通过改变组织架构、改变个人行为和改变产品等所有方面来让客户感知到品牌的含义（承诺）。比如，麦当劳需要招募对的员工，给他们对的培训考核与激励，让员工通过对的服务流程、对的微笑、对的产品、对的店面环境等向客户传达自己所理解和深信的品牌含义（承诺）。此理论在以"人"为最重要生产要素的行业特别受青睐，比如酒店服务、餐饮服务和教育服务等。

5.2 品牌的极简定义：一个"承诺"

品牌的极简【定义】是：品牌是一个承诺，它包含对客户在功能价值和情感价值两方面的承诺（Brand is a promise, which is the combination of functional and emotional value）。

"功能价值"是客户在产品（或服务）上获得的"功能"方面的价值，比如：汽车作为交通工具的安全性能和节油性能；手机作为通信工具的通话质量和交互界面的体验感受。而"情感价值"是客户在产品（或服务）上获得的"情感"方面的价值，比如：安全感、尊贵感或身份认同感等。（因为从英文到中文的翻译偏差，在日常工作中，"功能利益"和"情感利益"这样的说法似乎也经常被用到；但如果回溯品牌定义的原文，我建议用"功能价值"和"情感价值"，因为其含义更加精准和高级。）

通常情况下，普通消费品的功能价值占比较高，也就是主要卖的是"产品本身"；而高端奢侈品的情感价值占比极高，也就是其实卖的是"感觉"！香奈儿卖给你的其实不是包包，而是你背上包包的感觉。情感价值占比越高，一个品牌的溢价能力和获得高毛利率的能力也越高，我们想想香奈儿的价格、利润和绝不讨价还价就理解了。

【案例】

在功能价值和情感价值的配比方面，大众这个汽车品牌的"功能价值"占比更高;而劳斯莱斯的"情感价值"占比极高。当看到劳斯莱斯原装配置的雨伞被标价为10万元人民币的时候,我们就更容易理解劳斯莱斯这个品牌所包含的情感价值的分量比重和价值感了。曾经在商学院课堂上,我们的品牌课程老师问同学们来上学都开的什么车啊。中国同学一脸尴尬,因为大家基本都是走路来的,而很多老外同学会举手说自己来上学开的是大众高尔夫,而另外有一两个同学说自己开的是MINI,瞬间全班会"羡慕嫉妒恨"地嘘声一片,这里可以看到MINI在情感价值上的绝对优势。而在价格上,MINI COOPER的入门级价格大约是大众高尔夫的入门级价格的两倍。刚才课堂上的那一个瞬间应该让为MINI COOPER多支付超过一倍价格的两位同学觉得物有所值了!

5.3 为何"承诺"有用且重要

品牌定义"Brand is a promise"中的promise在牛津词典中的解释是:告诉对方"你一定会做"或"一定会发生"的事情。用大白话说,"承诺"的含义是:给客户一个明确而稳定的预期,并说到做到!

试想一下,如果你把车开进一个从来没有去过的高速公路服务区,眼前一个肯德基和一个没有品牌的炸鸡店,显然你会选择去肯德基,因为你对肯德基的卫生条件、菜单、品质、价格,甚至服务都有比较明确的了解和预期。这就是那个"承诺"的力量,也就是"品牌"的力量:给客户明确而稳定的预期、能差异化、能推动客户决策!

同时,企业遇到的最大品牌危机通常都是因为自己打破了或者没有兑现自己的承诺,所有品牌危机处理的落脚点都只能是承认错误,纠正错误并回到自己一贯的承诺上来!

"爱干净住汉庭"这个承诺直击客户的心窝。"干净"(且价格实惠)是客户选择汉庭酒店的主要原因。汉庭酒店曾经遇到的最大品牌危机是其服务员用"不当"流程打扫房间的消息被爆料。因为"承诺"被颠覆了,客户也就失去了再选择汉庭酒店的基本理由。无论身怀什么样的公关技巧,"承认错误,完善卫生方面的管理"成为汉庭酒店唯一的危机应对方案。危机之后的汉庭酒店在"干净"方面甚至比以往做得更加极致、更加优秀了,比如在每一层楼的电梯口都会有一个海报告知本楼层为你打扫房间的是"王大姐"。海报上"王大姐"的真实姓名和全身彩照让我们有看到一个朋友或家人的亲切感和信任感。"爱干净住汉庭"又重新回到了我们的心里!

5.4 做更"高级"品牌的暗语:"不仅仅是……(产品本身)……"

营销人最经常遇到的情况是在产品同质化的前提下与对

手竞争，也就是功能价值同质化的前提下与对手竞争，所以为了寻求差异化，市场营销高手都是在情感价值上下功夫和做文章。我们想想可口可乐和百事可乐这100年到底在竞争什么？它们是在竞争谁更有营养、谁更好喝呢，还是喝的时候的感觉？答案当然是后者！

我至今还记得，在固特异轮胎的市场营销战略会上，来自麦肯·光明广告公司的一个合伙人给出了一句话的建议，这句话是"不仅仅是轮胎"，他是一个美国人，他说的原文是"Not just tire"。我当时是固特异的中国区品牌负责人。坦率说，我是有些小失望的，因为每年昂贵的服务费居然只换来这样"简单"的一句话，我们对此有点不心甘。但经过多年再仔细想想，好吧，他说得很对。不仅仅是可乐、不仅仅火锅、不仅仅是手机、不仅仅是汽车、不仅仅是旅游、不仅仅是房子……这样的情感价值表达格式虽然没那么高级，但是一个比较正确的基础理解。

"不仅仅是轮胎"背后的含义有两层。首先，我们必须是"一条（安全的）轮胎"：如果客户只能有一个诉求，它必然是"安全"，因为轮胎是车辆与地面的唯一接触点。无论是常规的代步、高性能的飙车，还是远足山地戈壁的无边界，安全都是首要前提。所以，我们加速产品研发，比如将防弹衣材料融入胎面以增强抗刺穿性能，将传统的单层胎侧变成双层胎侧以降低胎侧鼓包概率，优化胎面花纹以大幅缩短刹车距离……

其次，不仅仅如此！当"安全之于轮胎"变成"氧气之于人类"之后，我们花了同样多，甚至更多的资源在越野和F1赛事、女性车主俱乐部、普通车主的车生活Vlog（视频日志）、凸显安全和驾驶乐趣的平面海报与音视频广告、覆盖全中国的道路救援（含西藏和新疆等任何极限用车地域）……我们希望客户感受到的是：固特异不仅仅是让车跑起来的安全轮胎，它更能带给客户绝对的"安全感受"和"无边界驾驶的乐趣"。

在同类产品上，固特异的产品单价是韩泰和锦湖等品牌的1.3～1.5倍，这背后的驱动力其实就是这句暗语——"不仅仅是轮胎"。那么，固特异和米其林这两个同属中高端的世界领先品牌在对决什么呢？纵观过往20多年它们在中国市场的表现，化繁为简，两个品牌的营销人其实是在千方百计地告诉客户：我才是更能给你"安全感"和"无边界驾驶乐趣"的那一个！（下一章节的"市场营销组合4P"还会对此有更多的介绍。）

5.5　用"品牌价值图"来规划承诺、功能价值和情感价值

在认同做更"高级"品牌的暗语是"不仅仅是……（产品本身）……"之后，那我们究竟应该怎么做呢？

"品牌价值图"由英国伯明翰大学教授莱斯利·德·切尔

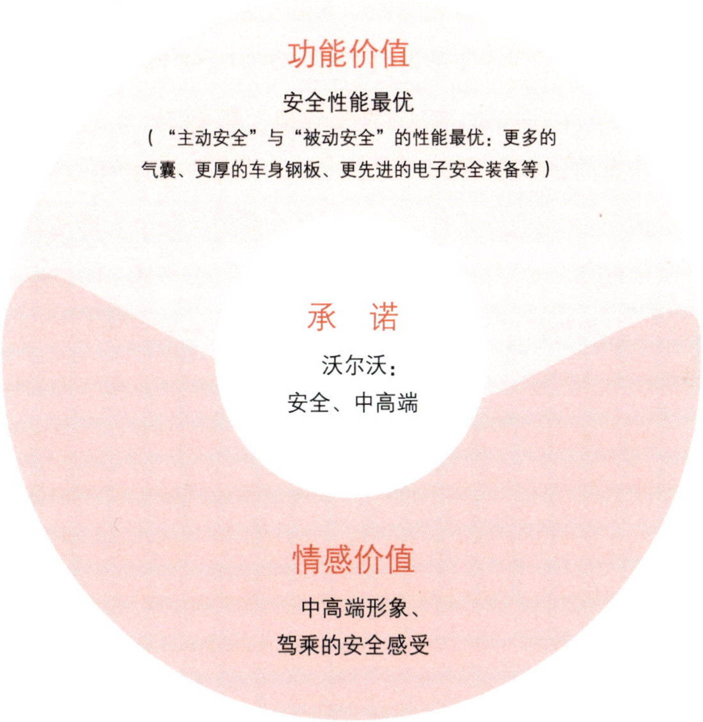

功能价值
安全性能最优
("主动安全"与"被动安全"的性能最优；更多的气囊、更厚的车身钢板、更先进的电子安全装备等)

承　诺
沃尔沃：
安全、中高端

情感价值
中高端形象、
驾乘的安全感受

图5-1　沃尔沃的品牌价值图

纳托尼于2002年提出。它是在市场营销战略和市场营销计划中经常被用到的模型工具，它帮助我们把品牌的"承诺""功能价值"和"情感价值"拆解放进一个完美结构里面，然后我们依此规划发力点：不仅仅是"什么功能价值"，应该更聚焦推动"什么情感价值"。

我们把沃尔沃的品牌拆解放进这个模型工具里面作为案

例（见图5-1）：沃尔沃汽车的"承诺"是"安全、中高端"；其"功能价值"是由行业领先的"主动安全"和"被动安全"装备所带来的安全性能；而其"情感价值"则是中高端、安全感。

所有的品牌其实都可以提炼得出"承诺""功能价值"和"情感价值"，无论它处于什么行业、什么品类，甚至无论是高端还是中低端（并非高端品牌才有情感价值）。当然，即使没有用这个品牌价值图的形式，在营销人和客户心里，其实已经隐约拆解出了上述三个要素。

我们来看一个极端的"负面案例"。2020年2月，因为恐慌情绪，最先在武汉爆发的新冠病毒疫情让"康师傅"和"统一"等几乎所有方便面在很多城市的超市被哄抢一空，而货架上却唯独剩下了"大汉口"热干面和"蔡林记"热干面。汉口是武汉三镇之一，热干面是武汉的特色美食。"武汉原产"属性在疫情之前赋予这两个品牌的情感价值是"更正宗"的味道，能增加客户的购买欲望；而在疫情之中，这个情感价值也被额外增加了"有健康风险"和"不吉利"的含义，让客户望而生畏。（需要客观说明，康师傅和统一其实也在武汉有生产基地，但客户并没有对它们感知到与大汉口热干面和蔡林记热干面同样级别的"有风险"和"不吉利"。）

在实战中，我们先从产品本身出发，尽量为客户创造有差异化的功能价值；但激烈的竞争环境通常让竞争对手之间的产品同质化程度较高；所以，市场高手的差异化手段通常都聚焦在情感价值。在各行各业，做更"高级"品牌的暗语几乎都是："不仅仅是……（产品本身）……"品牌价值图这个模型工具能帮助我们将这个过程做得更加结构化、清晰和专业。

5.6　英国和美国的情感价值之战："我也很创新"

　　国家层面的商战会用市场营销的品牌思维吗？答案是YES（是的）！那在承诺、功能价值和情感价值的底层逻辑上，国家品牌和企业品牌会有本质的不同吗？答案是NO（没有）！

　　我曾就读于英国伦敦政治经济学院，这是世界级政治家和世界级经济学家的摇篮（孕育了18位诺贝尔经济学奖获得者）。在英国伦敦政治经济学院和伯明翰大学的学习与生活经历让我对英国有较好的理解和很深的情感，但作为一个纯商业环境下的营销人，我居然成为英国大使馆文化教育处的大中华区市场营销负责人，这本身就佐证了上述两个问题的答案。

　　在留学生市场，英国的最大竞争对手是美国。如果排除学校排名的因素和单个学校的学术特色因素，在大多数的学科领域，同一排名级别的英美大学的课程本身差别不大。这也是为何我在英国的大学学习市场营销，同样学到了美国的菲利普·科特勒的"市场营销管理"和唐·舒尔茨的"整合营销传播"等。但即使课程本身（功能价值）是相似的，英国给人的感觉（情感价值）是：历史传承（但有点老气）；围绕这个历史传承你可以想到英式下午茶、莎士比亚、大本钟，可能还会有英式摇滚、英国的足球流氓。而美国给人的明确感觉是"创新和强大"。

"创新"这个情感价值维度是英国这个国家品牌近些年"略显疲软"，开始带来竞争弱势并且非常渴望被提升的。虽然第一次工业革命起源于英国，第二次工业革命几乎是英美同步，但"创新"这个元素的感知疲软可能让非常多的优秀中国学生把求学目的地放在了美国，因为从心理上而言没有人想学习落后和陈旧。

2010年上海世博会和2012年伦敦奥运会是我们团队推动"英国"这个国家品牌发起"反击"和"改变认知"的重要战场。在2010年的上海世博会，英国馆的"种子圣殿"让英国被评为最创新、最突破常规认知的参展国。还有2012年的伦敦奥运会期间，英国带给中国超过300场的文化艺术演出，其中很大比重都是非常现代和突破当下的艺术表达，英国的文化艺术早已不止莎士比亚那些古典元素了。

<u>过去10年，还有未来很多年，英国已经或将不遗余力地让世界感受到她的核心价值是"历史传承"和"创新"，绝对不仅仅是"历史传承"这一个方面了！</u>同时，我们还特别强调英国有比美国更安全的生活环境和随时游遍全欧洲的便利性（功能价值），这些都是留学生和他们的父母的重要关注点。

反过来，一旦英国同时有"历史传承"和"创新"这两

个相对平衡的情感价值，美国在"历史传承"上的天然短板会成为其致命伤。每当在英国大学教室里听到"美国圆润口音的大嗓门、爽朗震天的笑声……"教室里的"英式口音"们会流露出一丝不易察觉的尴尬和庆幸！

由此可悟，企业品牌和国家品牌，甚至我们的个人品牌在底层逻辑方面没有本质的不同：它们都是一个包含功能价值和情感价值的承诺；在竞争手段上也没有本质的不同：在比拼功能价值的基础上，竞争焦点在情感价值的差异化！

5.7 品牌和商标的关系，为何苹果在中国栽跟头

我们也【小澄清】一下商标和品牌的关系。最早为了差异化识别，产品上会有一个"标记"，用于区分产品的生产者或所有者，比如即使现在你去苏格兰高地，也会看到羊群经常混在一起吃草，杰克家的羊屁股上会有一撮毛被刷上红色，而隔壁约翰家的羊群被染成了绿色；当然，这个标记后来被赋予了法律化的流程与含义，而演化成了"商标"；"商标"如果被依法注册则成为"注册商标"，享有商标专用权。也就是只有你们家能用，别人家不可以用。关键点来了，"谁先注册、谁拥有"是中国市场范围内的商标所有权法则，而很多欧美国家的法则是"谁先使用，则谁拥有"。这个规则上的重大差异就是很多国外品牌，甚至MUJI无印良品和苹果iPad在中国有点

"不舒服"的原因。

2000年,唯冠(台北)公司在多个国家与地区分别注册了iPad商标;2001年,唯冠(深圳)公司在中国大陆注册了iPad商标的两种类别,虽然该商标一直未被实质使用。2009年,英国IP公司[1]和唯冠(台北)签署了"商标转让协议",唯冠(台北)以3.5万英镑的对价向英国IP公司转让"iPad"的全球商标;2010年、2011年和2012年,苹果iPad的第一代、第二代和第三代在全球发布。2010年至2012年间发生的争议中,唯冠(深圳)坚持中国大陆境内的iPad商标不在上述"商标转让协议"的范畴内,所以苹果iPad产品不得以iPad为名称在中国大陆进行销售。2012年,苹果与唯冠(深圳)达成调解协议,苹果向唯冠(深圳)支付6000万美元获得iPad商标在中国大陆的所有权。虽然事件头绪多且关系复杂,但背后的关键点之一是:在中国大陆境内,商标由"谁先注册"则"谁拥有"。

由此可见,注册商标是一个享有专用权的标记;而品牌是一个我们对客户的承诺。注册商标是一个法律概念,而品牌不是。

---

[1] 苹果公司雇用的一个英国代理公司。

5.8　定位和品牌到底是什么关系

在上一章和本章分别梳理了定位和品牌之后，让我们试着探索与解答这几个高级难题吧：定位和品牌到底是什么关系？定位如何影响了品牌？定位和品牌应该先做哪个，后做哪个？

从历史进程来看，品牌理论是先出现，而定位理论是后出现的：最早在1960年美国市场营销协会（AMA）在其出版的《营销术语词典》中就为"品牌"给出了正式的定义；而"定位"理论被普遍认为起始于1972年，艾·里斯和杰克·特劳特当时在《广告时代》杂志撰写了"定位新纪元"系列文章，并于1980年出版了经典著作《定位：争夺用户心智的战争》。

那品牌和定位的关系是什么呢？首先，定位理论的出现是为了提升品牌的生产力。"定位"被艾·里斯和杰克·特劳特称为"第三次生产力革命"："第一次生产力革命是通过泰勒的《科学管理原理》大幅提升体力工作者的生产力。第二次生产力革命是通过德鲁克开创的管理学大幅提升组织的生产力。第三次生产力革命，是通过艾·里斯和杰克·特劳特发现的'定位'大幅提升品牌的生产力。"[1] 定位能提升品牌生产力的原因是：当品牌出现在客户心智中那个差异化"位置"上，品牌是高度差异化的。因为高度差异化，与客户的沟通会"少费口

---

[1] 摘自《定位：争夺用户心智的战争》的序言部分的内容。

舌"（少花广告费），品牌更有能力吸引客户并打败对手。

你可能会追问"品牌"没有差异化的能力吗？为什么需要"定位"来插一手？品牌是一个包含情感价值和功能价值的承诺，让我们说得更简单一些："品牌是一个承诺。"如果没有实现"定位"目标的驱动力，如果没有提前的刻意"雕琢"，A公司、B公司、C公司、D公司和E公司对客户的"承诺"有可能真的是一样的或相似的。比如，如果没有"定位"的驱动力和智慧，沃尔沃很有可能"承诺"给大家的是与大众、福特、通用、丰田和本田相似的轿车。

其次，"定位"是"品牌的定位"。前一章的最后一小节已经依据艾·里斯和杰克·特劳特的《定位：争夺用户心智的战争》和菲利普·科特勒的《营销管理》中的关键表述提炼出：定位其实是品牌的定位，我们要把"品牌"植入到客户心智中的那个独特"位置"，也即让品牌去占领那个差异化的位置。当品牌占领那个位置后，品牌更强大，因为差异化！

【干货】

从实操上来说，我们应该先做品牌，还是先做定位？如果是企业从零开始，我们当然应该先做定位，因为要先确定我们想占领客户心智中的哪个位置，然后根据这个"位置"的构想来设定品牌的承诺所对应的功能价值和情感价值。

但确实很多企业已经做品牌很久了，却没有做过定位，怎么办？那我们就不得不在品牌之后再补做定位了，通过定位工作来让我们对希望在客户心智中占领哪个位置有清晰的认知，然后根据定位来调整品牌承诺对应的功能价值和情感价值。这是目前非常多的中国企业正面临的场景和正在做的事情。

<u>综上，定位和品牌高度关联，所以"定位"和"品牌"都被放在了市场营销管理八大模块中的第四个模块，但它们是两个不同的事物。用大白话来说，"定位与品牌"帮助我们解决：用一个什么样的（品牌）承诺去占领客户心智中的那个差异化位置。</u>

下一章要讲的"市场营销组合4P"，其实就是我们用4P来向客户表达并兑现我们的这个（品牌）承诺！

■ 本章要点

品牌的极简【定义】是：品牌是一个承诺，它包含对客户在功能价值和情感价值两方面的承诺。

"功能价值"是客户获得的"功能"方面的价值，比如产品性能；而"情感价值"是客户获得的"情感"方面的价值，比如：安全感、尊贵感或身份认同感等。通常情况下，普通消费品的功能价值占比较高，也就是主要"卖的是产品本身"；而高端奢侈品的情感价值占比极高，也就是"卖的是感觉"！

香奈儿卖给你的其实不是包包，而是你背上包包的感觉……

为什么品牌所对应的"承诺"有用并且那么重要呢？"承诺"的含义是：给客户一个明确而稳定的预期，并说到做到！当客户面对复杂的选择环境时候，这个"承诺"，也就是"品牌"，能给客户明确而稳定的预期、能差异化、能推动客户决策！

在市场营销计划和市场营销战略中，"品牌价值图"可以把承诺、功能价值和情感价值拆解放进一个完美结构里面。营销人最经常遇到的情况是在产品（功能价值）同质化的前提下与对手竞争，所以市场营销高手都是在情感价值上下功夫和做文章，他们心里的暗语是："不仅仅是……（产品本身）……"

定位和品牌高度关联，所以"定位"和"品牌"都被放在了市场营销管理八大模块中的第四个模块，但它们是两个不同的事物。我们应该先做定位，再做品牌！"定位"是"品牌的定位"，我们要把"品牌"植入到客户心智中的那个独特"位置"，也即让品牌去占领那个差异化的位置。当品牌占领那个位置后，品牌更强大，因为差异化！用大白话来说，"定位和品牌"帮助我们解决：用一个什么样的（品牌）承诺去占领客户心智中的那个差异化位置。

■ **本章思考**

1. 在功能价值方面，京东和天猫的差别是什么？
2. 在情感价值方面，MINI 与大众的差别是什么？
3. 利润率更高、客户黏性更强的品牌通常都是情感价值方面更强大的？
4. 能否用"品牌价值图"这个工具模型来拆解展现一下你现在服务的品牌？
5. 这些企业的品牌危机是因为品牌方打破了什么承诺，以及品牌方是如何化解危机的：丰巢开始向客户收费，遭到物业和客户的集体抵制；肯德基的食材供应渠道风波；汉庭酒店的房间打扫流程风波……

第六章 市场营销组合 4P：
合力表达并兑现那个"承诺"

市场营销组合 4P 是我们向客户表达并兑现品牌"承诺"的手段！产品、价格、渠道和促销的协同关系是 1+1+1+1 大于 4。为何詹姆斯·邦德从来都不开着沃尔沃在伦敦街头飙车？为何香奈儿就是不打折？为何在线教育企业特别喜欢请明星做品牌代言人？

市场营销管理八大经典模块

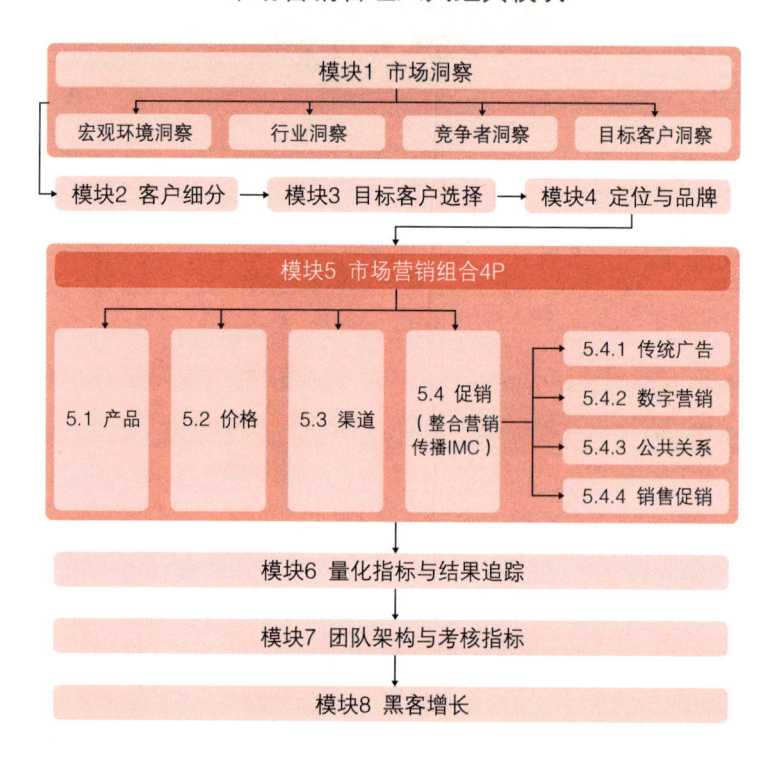

模块1 市场洞察

- 宏观环境洞察
- 行业洞察
- 竞争者洞察
- 目标客户洞察

模块2 客户细分 → 模块3 目标客户选择 → 模块4 定位与品牌

模块5 市场营销组合4P

- 5.1 产品
- 5.2 价格
- 5.3 渠道
- 5.4 促销（整合营销传播IMC）
  - 5.4.1 传统广告
  - 5.4.2 数字营销
  - 5.4.3 公共关系
  - 5.4.4 销售促销

模块6 量化指标与结果追踪

模块7 团队架构与考核指标

模块8 黑客增长

【本章节涉及的人名及企业名称】

杰罗姆·麦卡锡、罗伯特·劳特朋、菲利普·科特勒、姚明、李娜、刘涛、孙俪、汤唯、章子怡、黄磊、海清、吴秀波、汪涵、詹姆斯·邦德、沃尔沃、阿斯顿·马丁、香奈儿、热风、VIPABC、51Talk、VIPKID、哒哒英语、Hitalk、GOGOKID、掌门1对1、学霸君、松鼠AI、精锐教育、溢米辅导。

"市场营销组合"（Marketing Mix）是市场营销管理八大经典模块中的第五个模块，也就是大家耳熟能详的4P。第四模块"定位与品牌"帮助我们解决：用一个什么样的"承诺"去占领客户心智中的那个差异化位置。那么，<u>市场营销组合4P则是我们向客户表达并兑现那个"承诺"的手段</u>。

几乎所有人都知道市场营销领域中的4P，并知道它们是产品（Product）、价格（Price）、渠道（Place）和促销（Promotion）。但真正的难点是：

1. 很多人其实并不完全理解这4P的使命是合力兑现品牌的那个"承诺"；
2. 4P的组合魔力和禁忌经常让大家难以把控或踩坑；
3. 4P中的每一项最好都优于竞争对手，但如果实在不分伯仲或没有对手厉害呢，营销人该怎么办？

进入后面的内容之前，你也可以带着几个问题：为何詹姆斯·邦德从来都不开着沃尔沃在伦敦街头飙车？为何香奈儿就是不打折？为何在线教育企业特别喜欢请明星做品牌代言人？

6.1 市场营销组合4P的使命：合力表达并兑现那个"承诺"

市场营销组合包含产品、价格、渠道和促销，也就是传说中的4P。产品（Product）指我们向客户提供的产品实物或服务；价格（Price）指客户为获得该产品或服务而支付的对价；而渠道（Place）指我们销售并将产品提交给客户的途径，包含传统的线下渠道和新兴的线上渠道；促销（Promotion）其实指的是与客户沟通并说服客户的工具。因为单个模块的复杂性，其实也有产品组合（Product Mix）、价格组合（Price Mix）、渠道组合（Place Mix）和促销组合（Promotion Mix）的说法。

一旦客户认同或期待品牌的那个"承诺"，在与品牌的所有接触点上，他们时刻都在体验和检验这个承诺：今日头条上刷到的信息流广告、百度上搜索到的产品发布会软文、百度知道上的客户口碑、线下实体店或天猫店的产品陈列、产品的性能、产品的价格、当季的促销活动、与销售人员的沟通感受、售后服务人员的笑容和响应速度……每一个"接触

图6-1 市场营销组合模型图

点",也就是市场人常挂嘴边的Touch Points,其实都在对"承诺"产生正面贡献,或让"承诺"被负面打折。所有的这些接触点可以被结构化地放进四个大类:产品、价格、渠道和促销。这是为何我们说市场营销组合4P的使命是:合力兑现那个"承诺"!

4P理论是由美国密歇根大学教授杰罗姆·麦卡锡在20世纪60年代提出来的,大家最初经常看到的模型图中只有产品、价格、渠道和促销;后来我看到英国特许市场营销协会(CIM: Chartered Institute of Marketing)将品牌的"承诺"放在了"靶心"的位置。这个图的精髓是让我们一眼看清市场营销组合的4P分别是什么,并且它们的使命是合力兑现处于"靶心"位置的那个品牌"承诺"(见图6-1)。

产品、价格、渠道和促销这4P就好比是营销人手上的四张牌，在实战中，我们到底应该怎么上手操作呢？有四个黄金实操法则：

法则一：将4P组合起来合力兑现那个品牌承诺，并且让4P高效协同而没有互相冲突；

法则二：建立4P中的长板，因为"没有金刚钻，不揽瓷器活"；

法则三：疾速补4P中的短板，因为短板能让企业致命；

法则四：如果尽力做了前三件事，但还是发现"产品""价格"和"渠道"这前三个P与竞争对手不分伯仲或比竞争对手更弱呢？那就在"促销"这第四个P上着重发力，通过"反复沟通"和"更高声量"让客户"感觉"我们没有比对手更弱甚至我们还更好。

营销人手里没有烂牌，即使有烂牌也要打成好牌。后面的小节将把上述四法则逐一分解说明。

6.2　组合的魔力和禁忌：1+1+1+1大于4，也能等于0

我们用一个极好的案例来说明市场营销组合的4个P如何

高效协同来表达并兑现品牌的承诺。沃尔沃的品牌承诺是"安全、中高端"。为了让客户感知到并相信其关于"安全"和"中高端"的承诺，<u>首先</u>，在产品方面，沃尔沃配备行业领先的主动和被动安全装备，如更多的气囊、更厚的钢板、其他品牌尚未应用的电子安全技术等。

<u>其次，在渠道方面</u>，虽然沃尔沃也是在4S店里销售，但销售人员会主动向你介绍那些与安全相关的技术和装备，甚至有的店面会展示沃尔沃汽车的切割刨面，让客户看到更厚的钢板。

<u>再次，在价格方面</u>，沃尔沃的定价远高于大众，几乎等同于宝马，因为更多的安全性能投入让生产成本更高，同时中高端的价格也让客户相信厂商确实有安全方面的投入，且更高的价格与更安全的情感利益相匹配。

<u>最后</u>，促销方面，沃尔沃的各类平面和视频广告会突出其安全性能和"安全先生"的形象。非常经典的一个电视广告创意是：一个单身的职场男士在马路上遇到并领养了一条流浪狗，然后他就购买了一辆沃尔沃汽车，因为男主人要照顾好他的"家庭"。

上述内容被放进了沃尔沃的市场营销组合模型图中（见图6-2），每个企业其实都可以把自己的品牌拆解放进图中的承诺、产品、价格、渠道和促销这五项中，并对每一项做简要的文字说明。这个图的精髓是：除了让企业最高层和执行层一眼看清这4P到底是怎么合力兑现处于"靶心"的那个品牌"承

产品
- 行业领先的"主动安全"和"被动安全"装备
- 如更多的气囊、更厚的钢板、其他品牌尚未应用的电子安全技术等

价格
- 价格体现"中高端"且能支撑在安全性能方面的投入

促销
- 整合营销传播"安全、中高端"
- 传统广告、数字营销、公共关系和销售促销合力传播产品的安全性能、品牌的安全形象和"安全先生"人格特征

渠道
- 4S店等渠道在商品陈列和销售人员话术中灌输"安全、中高端"
- 销售人员主动介绍安全相关的技术和装备,甚至有的店面会展示汽车的切割剖面,让客户看到更厚的钢板

承诺

图6-2 沃尔沃的市场营销组合模型图

诺"的,还概述了4P内的执行要点分别是什么,并且能发现互相之间有没有冲突。

【案例】

再举一个我亲身经历过的案例:为了表达并兑现高品质教学的承诺,在线英语品牌VIPABC坚持只用欧美系外教,而如果它的定价比以菲律宾外教为主力师资的51Talk还更便宜,那么消费者会对VIPABC的师资和高品质承诺会产生疑惑甚至质疑。当然,从逻辑上来说,VIPABC的定价也只能比51Talk更高,因为师资成本确实更高。

显而易见,我们其实是在让产品、价格、渠道和促销这

四个方向协同发力，以驱动客户感知并相信我们的品牌承诺。它们之间的关系是1+1+1+1大于4的关系；协同发力是这4个P组合的第一原则，一定不能让4个P互相冲突。

当然，4P组合的禁忌是：不恰当的组合会让1+1+1+1等于0。我们假想几个极端的负面案例：在产品、渠道和价格上，我们好不容易让客户相信沃尔沃汽车的安全性能和"安全先生"形象；而突然有一天，沃尔沃的公关总监为007影片提供企业赞助，让詹姆斯·邦德开着沃尔沃在伦敦街头飙车，而不是现在的开着阿斯顿·马丁，这4P的组合功力就被质疑甚至颠覆了。反过来，詹姆斯·邦德应该也不会选择沃尔沃在伦敦街头飙车，一方面他可能觉得车性能上飙不起来，同时他也担心自己的形象变成了"安全先生"，与自己多年的个人品牌形象产生冲突。

另外，客户买香奈儿包包本来买的是"背上香奈儿的感觉"，而不是产品本身。如果香奈儿品牌的包包天天打折，且持续让单价比热风品牌的包包还便宜，过不了多久，香奈儿历经多年积累的情感价值和溢价能力就"破功"了，市场上只会少了一个"香奈儿"，但不一定会多活下来另一个"热风"。

6.3 建长板：VIPABC和51Talk的"外教之战"

"没有金刚钻，不揽瓷器活！"企业在进入市场的时候，必然是首先挖掘机会点，塑造自己的优势能力，也就是塑造自己的"长板"。这个优势能力能让我们为客户提供差异化的价值，也让我们有存活于市场、打赢对手的基石。

VIPABC和51Talk的"外教大战"是一个典型的建长板案例。作为VIPABC的中国区市场营销负责人，我亲历了这场大战。

【案例】

2011年VIPABC将"在线英语"的战火在中国大陆市场点燃，传统线下英语培训机构英孚教育和华尔街英语是早期最主要的竞争对手。因为外教需要进驻本地教室现场教学，所以外教师资的"区域供给不均衡"是传统线下英语培训机构的"先天难题"；尤其当2014年传统线下英语培训机构的区域覆盖已经超过近百个城市的时候，各地尤其是三四五线市场要保障"有外教"这个基本产品配置的难度极高。

而"在线英语"可以让全世界任何角落的外教师资为中国所有城市的学员提供教学成为"先天优势"，并且因为全世界各个时区老师的可上线时间不同，理论上可以保障中国学员24小时的任意时间都能与合适的老师进行实时互动上课。除了在线学习的便利性，<u>"有外教"成为在线英语行业与传统线下机构竞争的"第一个阶段要点"</u>。相较于线下机构，VIPABC的产品长板是：把全世界的外教都"送到"你家，无论你在中国的什么地方！所以，我们的客户从最开始就遍布了中国超过300个城市或区域，比如我们非常惊喜地发现VIPABC的客户有来自陕西榆林、新疆石河子和西藏拉萨等，而这些地方可能10年之后也不会有英孚教育和华尔街英语的线下校区。

然而，2015年51Talk快速进入市场的时候，<u>在线英语行业进入了"第二阶段"的竞争："好外教"</u>。作为挑战者初入市场，51Talk的产品单价是VIPABC的50%左右。更低的产品单价确实会对客户有很强的吸引力。但产品单价大幅更低的原因是成本单价更低：51Talk的师资以菲律宾外教为主，而VIPABC的师资以欧美系外教为主。刚刚开战的时候，也曾有VIPABC的客户说自己遇到了菲律宾或非欧美系的外教上课，因为在"第一阶段"与线下机构的竞争和扩张中确实也招募了极少数的非欧美系外教。

客户愿意排队花高价看专家门诊是因为需要更专业的医生诊疗服务，并且客户不会因药品打折促销去排队买药；同理，<u>VIPABC的创始人和团队始终相信"教育的核心是品质和信任"</u>，并且最贵的其实是学员不能重来一次的"时间"；所以，面对竞争，VIPABC更加严格地遴选师资，强化执行100%用欧美系外教，并始终不与51Talk打价格战。

现在51Talk几乎变成了菲律宾外教的代名词。菲律宾外教的英语口音有先天弱势；即使是口音纯正，英语背后的文化差异是菲律宾外教无法逾越的障碍。请问有谁愿意找四川人学上海话呢，即使这个四川人也能说上海话！当VIPKID冲入市场的时候，它甚至站在VIPABC和51Talk的肩膀上宣传只用"北美外教"，因为似乎"北美外教"看上去比欧美系外教更有"高级感"。

2019年VIPABC（后来的TutorABC）被平安集团收购，其销售额和资本市场估值金额远远超过2017年于美国纽交所上市的51Talk。随着TutorABC、51Talk和VIPKID这三个头部竞争者的"辩论"和市场教育，尤其是在客户支付能力更强的一二线市场，"找欧美系外教学习英语"似乎已经变成了共识。而51Talk正在进行非常艰难的形象转型（"我们也有欧美系外教产品"），并不得不转战三四五线市场。

综上，"有外教"，能解决外教区域供给不均衡的问题是VIPABC相较于英孚教育和华尔街英语这些传统线下机构的"长板"；而"好外教"（欧美系外教）是VIPABC相较于51Talk（以用菲律宾外教为主）的"长板"。<u>"有外教"和"好外教"都是VIPABC在"产品"这个P上塑造的"长板"，让VIPABC能快速抢夺传统线下机构的市场份额，同时也形成相对其他在线机构的竞争优势。</u>

6.4 补短板：在线教育行业的明星代言人大战

在4P中找到机会点建长板是首要任务，其次就是尽快补短板，因为让我们在竞争中"脱颖而出"的一定是长板，让我们致命的却往往是短板。营销人经常会面临4P的四项中有明显短板的场景，尤其是那些处于快速成长期的企业和行业会遇到这样的场景，因为品牌还在通往成熟和"四脚平衡"的路上。快速补短板是必需的，且窍门很多！

大家应该发现在线教育行业特别喜欢请明星做品牌代言人：在线教育行业中最早请明星代言人的案例是VIPABC请了姚明；后续，在线英语这个赛道里面，51Talk请了李娜、VIPKID请了刘涛、哒哒英语请了孙俪、Hitalk请了汤唯、GOGOKID请了章子怡；在线学科辅导这个赛道里面，掌门1对1请了黄磊、学霸君请了海清、松鼠AI请了吴秀波，还有精锐教育旗下的溢米辅导，也是我效力的高端在线学科辅导品牌，请了汪涵。我亲自参与并操盘了在线教育行业内的两个明星代言人案例：姚明和汪涵。

可能我是唯一的一位在在线教育行业中操盘过两个代言人的CMO。我的特别体会是这样的，上述这些明星代言背后的本质是：在线教育行业和企业的历史都不长，教育行业的核心价值是品质和信任，但品质和信任通常需要客户经过很长时间去体验"产品"来检验与建立，所以明星的个人形象和信用在这里能帮助品牌快速提升客户对其在"产品"品质感和信任感方面的感受。虽然企业花了高额的明星代言费，但节约的是时间，即客户积累品质认同和信任感的时间；节约时间背后是节约了现金流，同时我们也提升了客户转化率和ROI（投入产出比）。

明星代言人的形象被用来短期快速弥补4P中的"产品"方面的短板，具体而言是弥补短期内产品被感受到的品质感和信任感不足。当然，在数年之后，经过时间的弥补，明星代言人是可以逐渐撤出的，比如在成为在线英语的绝对王者之后，TutorABC已经把广告中的代言人换成了本公司的白人外教员工，明星姚明则慢慢"退出了舞台"。

【花絮】

姚明是在线教育行业的第一个明星代言人，毋庸置疑也是该行业中最成功的明星代言案例。之后，在线教育行业掀起了请明星做代言人的潮流。姚明勤奋，专业，有担当，拥有国际体育事业和国际影响力，并且有从刻苦学习英语到英语流利的学习经历。这些让姚明成为绝佳的代言人选；但广告创意设计师需要特别解决的难题是：在广告画面中，在姚明之外需要额外增加一位白人外教的形象，否则担忧难以完整传达产品的外教属性和优势。简单说，广告画面中需要"姚明"的明星形象来提升品质感和信任感，但也需要"白人外教"来体现"跟白人外教实时互动学英语"的产品属性和优势,尤其是TutorABC在与51Talk等竞争对手在师资背景上塑造差异化的竞争环境下;而在很多场景下,要让一个广告画面中同时出现两个几乎并重的人物形象会非常困难。当姚明逐渐"退出舞台",代言人换成了白人外教之后,广告创意设计的同事可能松了一口气,广告画面的创意似乎更容易了……这是一个非常美好、非常有趣的品牌成长历程!这个故事除了向大家介绍在明星代言项目中有趣的花絮,也例证了广告平面上的人物形象也是"合力"表达并兑现那个承诺的"接触点"之一。

简而言之,在线教育企业偏好用明星做品牌代言人,其背后的本质是用明星的形象来快速弥补4P中的"产品"方面的短板:被感受到的品质感和信任感不足。

6.5 "更高声量"真有用?!到底固特异和米其林谁更安全

前文说过,营销人手里没有烂牌,烂牌也要打成好牌。市场营销组合4P中的每一项最好都能优于竞争对手,但如果实在不分伯仲,或者,实在没有对手厉害呢?

除了尽量补短板、建长板之外,我们可以让自己的"反复沟通"和"声量更大"来改变客户的感受;也就是,如果"产品""价格"和"渠道"这三个P的部分或全部实在没有对手厉害或与对手差不多，那我们可以在第四个P"促销"上发力来弥补！

如果客户对轮胎只能有一个诉求，它必然是"安全"，因为轮胎是车辆与地面的唯一接触点。如果单看"产品"这个方面，固特异在轮胎安全性能的创新上似乎略胜一筹：比如将防弹衣材料融入胎面以增强抗刺穿性能，将传统的单层胎侧变成双层胎侧以降低胎侧鼓包概率，优化胎面花纹以大幅缩短刹车距离……<u>但，客户感受到的产品与两方面因素同时相关：真实的产品、听说的产品。</u>

米其林和固特异长期分别是欧洲市场和北美市场的中高端轮胎的产销量第一；固特异轮胎作为月球车的轮胎上过月球，而米其林没有；在中国市场，固特异在汽车生产商的原厂配套轮胎中的份额远远超过米其林，而米其林在售后市场的品牌连锁店网络起步更早；米其林有覆盖全球的美食餐馆评级，据说最初是为了方便车主在旅途中找到靠谱的餐馆，而固特异没有；固特异有"飞艇"卡通形象，米其林有"轮胎人必比登"形象；固特异赞助F1，米其林也赞助F1；固特异有全国道路救援，米其林也有全国道路救援，并且双方都对客户说"安全是最好的礼物"；固特异有户外广告和数字营销广告，而米其林有更多的户外广告和数字营销广告……

在我看来，固特异在"产品"这个P上略优于米其林；在"价格"和"渠道"这两个P上两家的相似度很高；但米其林在"促销"这个P上配置的市场花费资源似乎更多，发力也似乎更猛，其"反复沟通"与"更大声量"让客户在关于安全的"感觉"上相信两家差不多，甚至也有客户会认为米其林的产品更安全。

6.6 市场营销组合模型，驱动"所有人"的战略地图

几乎所有的书籍在解读市场营销组合4P的时候都没有提及市场营销部到底怎么安排人力来做4P的工作，可能是因为写4P的人大多数都不在实战的环境内。我有一天突然恍然大悟，企业市场营销部内绝大部分的人力安排和岗位设置都是由这只"无形的手"——市场营销组合模型推动而成！

"市场营销组合模型"不仅能结构化地展示"产品""价格""渠道"和"促销"分别是什么，而且能帮助我们一眼看清这4P是如何合力兑现的那个"承诺"。这是典型的战略地图的模样，明确概述了去哪里（Where to go）和怎么去（How to go）；这个战略地图其实也指明了市场营销部需要什么岗位，并且他们的工作方向和奋斗目标是什么。

企业中只要与这四个方向相关的岗位都在驱动它们，比如生产部在驱动"产品"和"价格"，采购部在驱动"价格"，销售部在驱动"渠道"，这些都是与市场营销部并列且并行汇报给CEO的职能部门。

如果单看市场营销部内有哪些岗位在驱动4P呢？很多企业的市场营销部内有"产品经理"和"价格经理"的岗位分别负责"产品组合"和"价格组合"。用大白话来说，他们来解决现在和未来卖什么产品，分别以什么价格来卖。我早年也曾在一个外资汽车部件公司作为产品经理管理超过10000个单品的产品组合，我也是在这里把自己练成了市场营销部"表哥"[1]！

为了驱动"渠道组合"，市场营销部内还有零售（Retail）经理和电商经理，他们需要与销售部的同事协同，当然这些岗位其实在职能上是介于市场营销部和销售部之间的，有的企业干脆把它们放进销售部。用大白话来说，这些职能岗位解决的是客户在线上店和线下店内体验，比如产品在什么渠道销售、在店内的产品陈列、宣传品展示、销售人员与客户的沟通话术和流程等。

为了驱动"促销组合"，市场营销部内会有公关经理、数字营销经理、传统广告经理、社交媒体经理等。"促销组合"非常重要也比较复杂，所以这里聚集了最大比重的市场营销部岗位种类和岗位人数。用大白话来说，这些职能岗位解决的是通过组合的沟通方式让客户了解我们是谁、有什么优势、购买理由、现在有什么优惠政策和客户口碑等。

为了便于描述并且有真实人物感，上面提及的岗位名称

---

[1] 市场营销部内需要大量做数据表、爱做数据表、擅长做数据表的男性员工，被称为"表哥"。

后面都用了"经理",但我们实际想说明的是相关职能。该职能岗位的职级名称实际可以是专员、经理或总监,依据企业实际情况而发生。在第十章,我们对市场营销部的团队架构与考核机制还有更系统而详细的梳理。

6.7　4P的那些"花哨变种"

关于市场营销组合,在4P之外,还有6P和4C。

6P是美国西北大学教授菲利普·科特勒在20世纪80年代提出的:产品(Product)、价格(Price)、渠道(Place)、促销(Promotion)、政治力量(Political Power)与公共关系(Public Relations)。6P在4P的基础上新增了两个P:政治力量(Political Power)与公共关系(Public Relations)。菲利普·科特勒认为在国际国内市场竞争日趋激烈,各种形式的政府干预和贸易保护主义再度兴起的新形势下,企业要运用"政治力量"和"公共关系"来打破国际或国内市场上的贸易壁垒等环境制约,为企业的市场营销开辟道路。

4C是由美国北卡罗来纳大学教授罗伯特·劳特朋教授于1990年在其《4P退休4C登场》的文章中提出的与4P相对应的理论。4C具体指:客户(Customer)、价格(Cost)、便利(Convenience)、沟通(Communication)。相较于4P,罗伯特·劳特朋认为4C的优势是:强调客户需求而不是产品;强调客户购买成本而不是定价；强调客户购买的便利性而不是渠道；强调与客户的双向沟通而不是单向的促销。所以，4C与4P的核心差别是4C是从客户的角度来看4P。

除了上述的6P和4C之外，其实国内外还有很多基于它们的各种大小衍生和解读。我本人于1997年也曾在《商业研究》杂志上发表过一篇文章《突破传统6P：文化营销》，我想说的是在6P之外，还应该再加上一个C:文化（Culture）。

但，大道至简，回归本质，6P、4C和其他说法都是4P的衍生或变种而已。很抱歉我曾经也是后来的自己不太喜欢甚至敬而远之的那一类"偏好新概念""偏好遣词造句"的专家，当然"专家"二字需要打上引号。后来在我读过商学院、接触过来自世界经典的市场营销体系后，我沉默了20多年都只专注打仗，20多年内没有发表过一篇关于市场营销的文章。

我现在仍旧坚持用4P（而非6P和4C等），并且强烈建议营销人不必纠结于各种"花哨变种"，而应该把更多的精力放在顺应时代，发掘如何更高效地将4P协同起来向客户表达并兑现我们的那个"承诺"；花更多的注意力和心血去建长板、补短板，把烂牌打成好牌，让好牌"王炸"对手！

下面一章，我们会来梳理市场营销组合4P中的第四个P（促销组合），因为这是营销人卷起袖子花最多时间、花最多金钱、创新最多、加班最多、被挑战最多的领域。它的本质其实是传说中的整合营销传播。我非常兴奋，也很期待！

第六章　市场营销组合4P：合力表达并兑现那个"承诺"

■ 本章要点

品牌是一个承诺，它包含对客户在功能价值和情感价值两方面的承诺。那么，市场营销组合则是我们向客户表达并兑现品牌的"承诺"的手段。市场营销组合包含产品、价格、渠道和促销，也就是传说中的4P。有很多其他的市场营销组合模型如6P和4C等。但回归本质，它们都是4P的衍生或变种而已。

我们让产品、价格、渠道和促销这四个方向协同发力，以驱动客户感知并相信我们的品牌承诺。他们之间的关系是1+1+1+1大于4的关系；协同发力是这4个P组合的第一原则；一定不能让4P互相冲突，否则，它们的组合功力会被质疑，甚至整个品牌承诺都被颠覆。

市场营销组合4P中的每一项最好都能优于竞争对手。但如果"客观"上实在不分伯仲，或者，没有对手厉害呢？除了"补短板""建长板"之外，我们可以通过"反复沟通"与"声量更大"，让客户"感觉"我们更厉害！营销人手里没有烂牌，烂牌也要打成好牌。

■ 本章思考

1. 如果詹姆斯·邦德不开沃尔沃在伦敦街头飙车，那大众、宝马、劳斯莱斯和玛莎拉蒂哪个更合适？只是因为哪个更贵吗？
2. 可否把你所服务的品牌拆解放进"市场营销组合"模型中？
3. 从本质上而言，在线教育企业请明星做品牌代言人是为了解决什么问题？
4. "市场营销组合"是那个被经常提及的"整合营销传播"吗？
5. 企业的市场营销部内有多少岗位在为"市场营销组合"服务？产品经理、价格经理、零售经理、公关经理、品牌经理、数字营销经理、传统广告采购经理……（如果你觉得暂时还回答不好这个问题，可以在后面的章节中找到完整答案。）

第七章 市场营销组合的第4个P "促销组合"：
传说中的整合营销传播

"促销组合"是被误解最多的一个模块，但也是市场营销团队日常花费精力最多、财务资源消耗最多的模块；几乎所有的市场相关创新和迭代都与它相关；我过去20多年50亿元的市场花费中绝大部分其实都放进了这个领域。整合营销传播是将传统广告、数字营销、公共关系和销售促销这四类传播工具整合；过去100年传播工具的创新持续不断，比如报纸、电台、杂志、电视、户外大牌广告、公交车身广告、电梯广告、搜索引擎、社交媒体、互联网电视、短视频、直播……面对层出不穷的新工具、概念和说法，我们如何看清其本质并有效运用？

市场营销管理八大经典模块

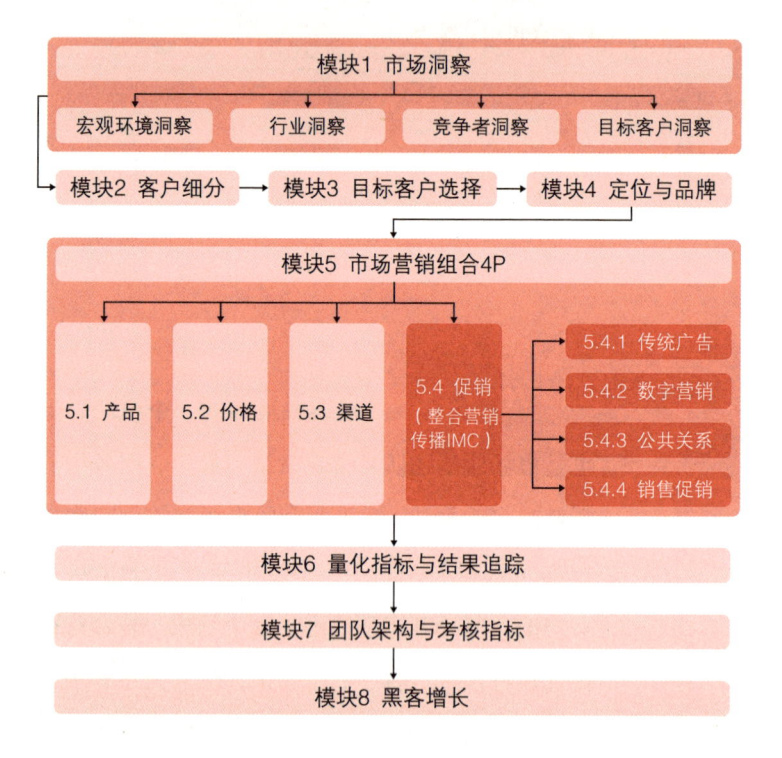

模块1 市场洞察

- 宏观环境洞察
- 行业洞察
- 竞争者洞察
- 目标客户洞察

模块2 客户细分 → **模块3 目标客户选择** → **模块4 定位与品牌**

模块5 市场营销组合4P

- 5.1 产品
- 5.2 价格
- 5.3 渠道
- 5.4 促销（整合营销传播IMC）
  - 5.4.1 传统广告
  - 5.4.2 数字营销
  - 5.4.3 公共关系
  - 5.4.4 销售促销

模块6 量化指标与结果追踪

模块7 团队架构与考核指标

模块8 黑客增长

【本章节涉及的人名及企业名称】

唐·舒尔茨、李佳琦、凤姐、江南春、可口可乐、阿迪达斯、宝洁、联合利华、TutorABC、精锐教育、学而思、麦当劳、蓝翔技校、分众传媒、腾讯、今日头条、新浪微博、百度、谷歌、360、神马、知乎、开心网、土豆网、抖音、快手、小红书等。

【特别纪念】

2020年6月4日，我正在撰写整合营销传播相关内容的这一天，整合营销传播理论的创始人美国西北大学教授唐·舒尔茨于美国离世。过往数十年以及未来，全球市场营销人都受益于整合营销传播理论的指引。我在此向唐·舒尔茨先生本人和他的卓越贡献致敬！

"市场营销组合"（Marketing Mix）是市场营销管理八大经典模块中的第五个模块，也就是大家耳熟能详的4P。而其中的第4个P是促销，也称促销组合。促销这一个P是市场营销团队消耗精力最多、财务资源消耗也最多的模块；几乎所有的市场相关创新和迭代都与它相关；我过去20多年50亿元的市场花费中绝大部分其实都放进了这个领域。但同时，促销组合可能是被误解最多的一个模块，所以值得我们单独用一个章节来详述。

产品、价格、渠道和促销,它们之间的关系用大白话来说就是:以这个"价格",在这个"场地"卖这个"产品",那我们开始"吆喝"吧!促销组合可以被形象地理解成"吆喝组合":用一套组合的工具和方法来吆喝。在新技术不断涌现的时代,"吆喝"里面有大学问,这里有实战,这里也非常需要体系!

在进入后面的内容之前,我们也可以带上几个问题:整合营销传播到底是整合什么?应该怎么整合?它与市场营销组合有什么区别?面对层出不穷的创新,比如搜索引擎、社交媒体、互联网电视、短视频、直播……我们应该如何看清其本质并有效运用?

7.1 促销组合:传说中的"整合营销传播"

促销组合(Promotion Mix)是我们与客户沟通并说服客户的工具和方法。这样听起来,似乎很费解啊?

首先,"促销组合"不仅仅是中文字面的促销。中文字面的促销应该是大家所理解的购买A的时候赠送B,比如购买轮胎的时候,赠送胎压监测计;另外,非常重要:2002年,我在英国伯明翰大学攻读市场营销硕士课程的时候,整合营销传播课程的老师一语点破"天机":"促销组合"从本质上其实就是"整合营销传播"。并且,我20多年的实战也验证了这个观点。

上述观点和判断对于我们而言太重要了，因为那些理论家会按照自己的逻辑往前推进，他们之间可能是互相割裂，甚至有的互相冲突。但我们这些天天打仗的营销人其实需要理清楚完整体系和落地打法，因为实战需要能上手的"地图"和"工具箱"。如果你想打破砂锅问到底，那我们有两个证据能帮助你推理4P中的第4个P"促销组合"的本质其实就是整合营销传播。

证据一：4C中的第4个C是传播（Communciation）。

上一章提到，4C与4P的核心差别是4C是从客户的角度来看4P，4C的使命是干掉4P。4P是由美国学者杰罗姆·麦卡锡教授在20世纪60年代提出的产品、价格、渠道、促销；4C是由美国学者罗伯特·劳特朋教授于1990年在其《4P退休4C登场》的文章中提出的与4P相对应的理论：客户（Customer）、价格（Cost）、便利（Convenience）、传播（Communication）。前面的三个C分别对应的是（提供给客户的）产品、价格和渠道，而被用来对应促销的第4个C是传播（Communication）。

20世纪90年代，也就是与4C同时代，美国西北大学教授唐·舒尔茨提出了"整合营销传播"，其英文原文是Integrated Marketing Communication（简称IMC）；它的核心词也是传播（Communication）。只是这个"传播"更加高级，因为前面还加了一个"整合"（Integrated）。需要特别指出的是：在1990年罗伯特·劳特朋提出了4C理论，而后他与唐·舒尔茨合著的《整合营销传播》于1993年出版，这也是全球第一部关于整合营销传播的专著。[1]这样的学术渊源也进一步佐证了我们的观点。

证据二：原创作者对"促销"与"整合营销传播"的内容描述很相似。

20世纪60年代，4P的原创学者杰罗姆·麦卡锡教授罗列对第4个P促销的具体内容描述为包含广告、人员推广、销售促销和公关等。90年代，唐·舒尔茨对整合营销传播的具体内容描述为包含广告、销售促销、公关和直复营销（后来迭代为数字营销）。所以它们两者的内容其实相似度非常高，甚至可能是因为时代的不同（相差了30年），因为习惯用语、技术创新等环境的不同，大家对相似事情的描述会略有差异。

当然，唐·舒尔茨的整合营销传播（90年代）比杰罗姆·麦卡锡的4P（60年代）晚了将近30年，所以整合营销传播比4P中的第4个P（促销）更先进，因为在90时代，传播工具更加多元化也更复杂，所以它更加理性而结构化地分析了不同传播工具的特征差异，并特别强调将它们用对的方法进行"整合"以达最优的传播效果。用大白话来说，第4个P（促销

---

[1] 罗伯特·劳特朋提出的4C是为了对标并迭代4P（市场营销组合），而他又与唐·舒尔茨合著了《整合营销传播》，这也可能是很多人将市场营销组合4P与整合营销传播IMC混淆的原因之一。即使现在到百度上搜索，很多相关的词条和文章解释都还存在这样的混淆。

的本质是整合营销传播，但整合营销传播是升级版的第4个P（促销）。

【小澄清】

"整合营销传播"的英文原文是Integrated Marketing Communication（简称IMC）。如果按照英文的精准而完整的翻译应该是："整合（的）市场营销（的）传播。"如果按照作者原意，重点是"整合"与"传播"，而IMC却经常被翻译成"整合营销"，非常遗憾，习惯用这四个字的人非常多。但这样的中文翻译导致大家经常将"市场营销组合"与"整合营销"混为一谈，因为其中都有"营销"二字。如果最初被翻译成"整合市场营销传播"或"整合营销传播"可能就更容易被正确理解了，因为强调的是"传播"而不是"营销"！为了便于沟通和正确理解，后面我会只用"整合营销传播"这个词！

7.2 整合营销传播的原理和基本功：这四类传播工具的整合

如果用一句话来【定义】什么是整合营销传播（IMC）：整合营销传播指将传统广告（Advertising）、数字营销（Digital Marketing）、公共关系（Public Relations）和销售促销（Sales Promotion）这四类传播工具整合；而需要将它们整合的原因是上述四类传播工具在客户的不同购买决策阶段中所能发挥的功能不同。（好的，定义完了！）

这四类传播工具分别具体指什么？"传统广告"指户外大牌广告、地铁广告、公交车身广告、出租车广告、电台广告、电视广告、杂志广告和电梯广告等；"数字营销"指搜索引擎广告、信息流广告、网络视频广告等；"公共关系"指公关软文、公关活动、企业赞助和政府及投资人关系等；"销售促销"指对客户购买行为的激励，比如买十送一、买轮胎送胎压检测计等。

我们需要深度理解："为什么需要整合？到底整合什么？"因为这两个问题的答案涵盖了整合营销传播理论的精髓。整合营销传播的创始人唐·舒尔茨的原始模型（见图7-1）让这两个问题的答案"一目了然"。非常神奇，这个原始模型似乎已经失传于江湖了，在谷歌和百度上都很难找到；几乎所有营销人都听说过整合营销传播，但很少人能画得出这个原始模型。现在谁要是能在市场营销战略会的白板上随手画出这个图，那他一定是高手中的高手。

这个原始模型的超级魔力是能让人一眼顿悟这四类沟通工具在不同客户决策行为阶段的"传播能力和效果"差异，所以我们需要将它们"整合"运用在上述不同阶段！

依据唐·舒尔茨的原始解读，我们对整合营销传播模型详述如下：经典的AIDA模型将客户购买决策行为分为四个阶段：认知（Awareness）、兴趣（Interest）、决策（Decision

效果

传统广告　　　　　　　　　　　　　　　销售促销

数字营销
公共关系　　　　　　　　　　　　　　　数字营销
销售促销　　　　　　　　　　　　　　　公共关系
　　　　　　　　　　　　　　　　　　　传统广告

| Awareness | Interest | Decision Making | Action |
| 认知 | 兴趣 | 决策 | 购买 |

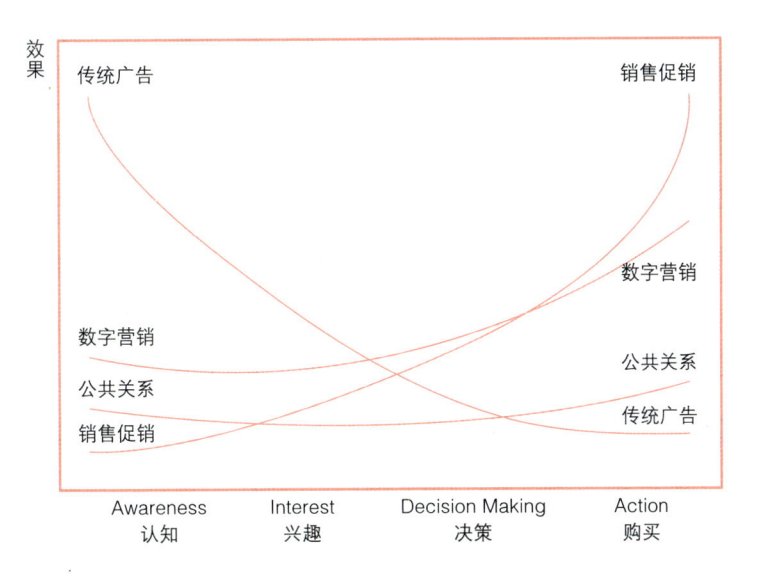

图7-1　整合营销传播模型

Making）和购买（Action）；整合营销传播的四类传播工具中的每一类都能在所有客户决策行为阶段发挥作用，但因为各自的属性不同，导致它们在不同阶段的推动力有很大差别，所以需要将它们整合，以取长补短并达到最优的传播效果！

首先，传统广告在建立"认知"和创造"兴趣"阶段更有力，在后续两个阶段更弱，因为传统广告擅于大规模的轰炸，但相对而言，它沟通无差别、难以个性化，也会导致无法点射，临门一脚偏弱。

其次，数字营销在针对有"兴趣"和"决策"阶段的客户更有力量，因为数字营销能通过人群定向、内容定向等技术手段进行更加个性化的定向沟通与有针对性的推动。

再次，公共关系的属性就是"软"，"绵里藏刀"！相对于广告的明显有目的性的信息传达，公共关系的"软"性沟通更能建立信任并拉近与消费者的距离；同时也正因为其"软"，所以在建设广泛"认知"阶段的推动力偏弱；而在购买决策的后期因为它建立的公信力和信任，公关能提升客户转化能力。

最后，销售促销最善于临门一脚，在客户已经过了认知和兴趣阶段之后，买A送B能快速打破客户的最后心理防线，让客户掏钱埋单。当然，如果没有其他沟通工具在之前阶段做足够的铺垫，仅有销售促销只会让客户望而却步。比如一个不知名且尚未建立信任度的品牌突然告诉你买十送一，你基本会觉得是便宜无好货，反倒不会购买、敬而远之。

需要特别说明，在唐·舒尔茨最初的模型中，没有Digital Marketing（数字营销）而只有Direct Marketing（被翻译成直复营销，包含直邮、电话和传真等），因为在20世纪90年代还没有那些数字化的传播工具。但随着时代和技术的进步，直复营销（Direct Marketing）被迭代成为我们现在熟知的数字营销（Digital Marketing）。直复营销和数字营销两者的核心特点都是能与单个客户互动，只是后者因为技术的进步而更加电子化且对客户传播和互动的能力也更强，比如在直复营销时代，我们有传真、纸质邮件和电话；而在数字营销时代，我们有了微信、微博、微信朋友圈、今日头条、快手和抖音等。

【小澄清】

4P中的Promotion中文直译成"促销",字面上是没有问题的,但就是这个中文直译也让大家非常困扰,因为"促销"(Promotion)内还包含了一个"销售促销"(Sales Promotion)。为了避免干扰,我们可以把4P中的"促销"直接理解为整合营销传播,而"整合营销传播"下的四类工具之一是"销售促销"。

如此殿堂级的理论和工具似乎看上去也比较容易理解,但在实战中很多市场人不知道应该怎么上手操作。那我们用大白话来说点【案例】和【干货】帮助大家理解这四类传播工具的差别,并且将它们有效整合在一起。

【案例】

TutorABC是在线英语行业的绝对领导者,无论是品牌认知度还是销售体量都是绝对的市场领导者。"传统广告"团队通过大量户外大牌广告、地铁广告、电梯广告和公交车身广告,让客户认知"在家也可以学英语",并且相信应该找欧美系的外教才能得到更高的教学品质。当一些客户被"户外广告"激发起兴趣后会上百度搜索TutorABC的品牌名称或"在家学英语"这样的产品词,这时你就被"数字营销"团队放在百度上的链接引导进入了官网或着陆页[1]，在这里你输入了自己的电话号码想获得一节试听课，"销售"团队的课程顾问会在30分钟内通过电话或微信与你沟通并且安排试听。在试听课之前，你一定会在百度或者知乎、小红书或大众点评上搜索关于这家公司的新闻和大家对于这家公司的评价，此时已"恭候多时"的"公关"团队在之前就发布的公司新闻稿件，还有真实客户发布的口碑与体验会让你对这个品牌的信任度再加分。当进入试听课后，你真实感受到了产品和服务的高品质，可能你已经基本做了决定或还有一点点犹豫，需要一些时间考虑一下。此时课程顾问会告诉你本月下单会赠送一个新款的苹果iPad用于上课，且如果24小时内下单还会有一个特别的优惠。嗯，这个临门一脚的"销售促销"让你更加笃定地下单并付款了。

综上，因为传统广告（Advertising）、数字营销（Digital Marketing）、公共关系（Public Relations）和销售促销（Sales Promotion）这四类传播工具在不同的客户购买决策阶段中所能发挥的传播能力和效果不同，所以我们需要将它们加以整合、取长补短以期达到最优的传播效果。这是"整合营销传播"的核心原理和基本功要求。

---

1 着陆页：也称落地页、引导页，在互联网营销中，引导页就是当潜在用户点击广告或者利用搜索引擎搜索后显示给用户的网页。

7.3 宝洁引领的整合营销传播实战迭代：POES 模型

所有企业都在做整合营销传播，无论是否意识到或者是否承认，只是大家在做整合营销传播的专业性和深度方面上有所不同而已。宝洁（P&G）是全球市场营销领域中绝对的实战派领导者。过往数十年，宝洁是全球范围内市场预算最多的品牌之一，所以他们在整合营销传播应用方面的投入最深，并且引领了POES模型的迭代。同时，因为社交媒体和数字营销等领域在过去20多年发生了重大变革，也为经典的整合营销传播模型带来了不断迭代的机遇。我们来看看宝洁在整合营销传播方面的实战迭代吧，当然这个迭代与唐·舒尔茨的原始理论是一脉相承的，没有本质上的差别，只是在具体战术上做了与时代相关的优化。

2013年前后，宝洁开发出了POE模型：付费媒体（Paid Media）、自有媒体（Owned Media）和赚得媒体（Earned Media）。"付费媒体"是企业需要付费购买才能用的媒体，包含传统广告和数字营销等需要向媒体方付费的媒体。"自有媒体"是企业自己拥有，不需要付费购买就能用的媒体，包含企业的官方网站（手机端/电脑端）、官方App和官方微信号、微博号、头条号、抖音号等；之所以称它们为"自有媒体"，是因为这些企业自有的宣传资源已经具备了媒体的属性，并且不需要企业付费购买（虽然也需要投入人力资源）。"赚得媒体"

是既不需要付费购买，也不是自己拥有，而是因为客户或合作伙伴的口碑传播、二次传播而让企业受益的媒体，包含公共软文，在微信、微博、用户论坛、百度知道、百度贴吧等社交媒体上由客户发出的评论、分享和二次传播。因为这些在媒体上的信息是由客户自发产生和自发传播的，且企业不需要付费购买；<u>它们有点被企业"白赚"的意味，所以被称呼为"赚得媒体"</u>。

但，在互联网+的环境下，市场营销部所有行为都很自然地能与销售行为连在一起，并且客户本来就是在接触到付费媒体、自有媒体和赚得媒体后就被"拉进"了销售砍单[1]环节。所以从2014年开始我本人增加了S，将宝洁POE模型升级成为<u>POES模型</u>。S代表销售平台（Sales Platform），是所有线下和线上的销售场景，它包含传统线下实体店、线上的天猫店、淘宝店、微店、社群销售（微信群和QQ群）等。S甚至也包含驱动客户重复购买和老客户带新客户的工具和平台。POES模型被营销人公认为"<u>JOE's POES 模型</u>"（见图7-2）。

用大白话来说，POES模型的操作逻辑是：先用付费媒<u>体（Paid Media）解决客户的"认知"，然后自有媒体（Owned Media）和赚得媒体（Earned Media）解决客户的"兴趣"和"二次传播"，最后销售平台（Sales Platform）解决客户的"购买"。</u>

---

[1] "砍单"是电话销售团队的内部沟通语言，为了体现销售热情。它的含义是积极主动跟进客户、让客户购买下单，而非电商行业的取消客户订单。

Paid Media 付费媒体	Owned Media 自有媒体	Earned Media 赚得媒体		Sales Platform 销售平台	
认知	兴趣	评论分享	二次传播	购买	忠诚
传统广告——户外大牌广告	官方网站（手机端电脑端）	公关软文活动	微信微博上的评论与转发	线下实体店	重复购买
传统广告——地铁/公交车身广告	官方App	论坛		天猫店	老带新
传统广告——电梯广告	官方微信号	百度知道		淘宝店	
传统广告——电台广告	官方微博号	百度贴吧		微店	
传统广告——电视广告	官方头条号	知乎		呼叫中心	
数字营销——搜索引擎广告	官方抖音号	……		代理商体系	
数字营销——信息流广告	官方B站号			社群销售（QQ群、微信群）	
数字营销——短视频广告	……			……	
数字营销——KOL文章广告					
数字营销——网络电视广告					

客户互动以塑造信任和转化率

广告监测：
曝光数、点击数等

官网/App监测：
浏览人数、浏览页面数、停留时长、跳出率等

社交媒体监测：
发帖数、评论数、转发数等

销售监测：
销售数量、销售金额、转化率、投入产出比等

图7-2 JOE's POES 模型

POES模型与最原始的整合营销传播模型在本质上一样的，两者都强调整合，但POES模型有三个优势：一是，明确建议了先做什么、后做什么；二是，每类媒体下面有哪些具体项目；三是，让企业更加关注付费广告之外的自有媒体资源、客户的内容贡献和二次传播（也就是赚得媒体）。

因为整合营销传播的底层逻辑是相通的，所以POES模型虽然缘起于日化用品行业的宝洁，但适用于所有行业。规模较大的公司，尤其是那些世界500强企业的营销人对这个POES模型能很快心领神会并认同，其实POES模型是把营销人已经在做的事情用一个更加有效的方式结构化展现出来了。

在未来若干年内，POES模型可能都是最有实用价值的整合营销传播的实战模型。在三年市场营销战略和当年市场营销计划中，如果你展示唐·舒尔茨的原始模型，CXO和同事们一定觉得你只讲了"大道理"而已，距离实操太远；但如果你用的是POES模型，不仅讲了大道理，其实也说了到底怎么干！利用POES模型，你可以布局几乎所有的市场人力和市场预算资源。

【干货】

我们再来说点"干货"，如果我们是一家创业公司，或者是市场花费规模远低于宝洁的中小型公司呢？难道也是先做"付费媒体"，再做"自有媒体"和"赚得媒体"吗？答案是NO（不是）。

除了任职于世界500强公司的市场营销部，我也曾是快速成长的独角兽创业公司的CMO，所以我经历过市场花费从每年几十万元到每年数亿元人民币。我们的实操体会是：先做"自有媒体（O）"和"赚得媒体（E）"开始提升品牌信任和搞些小规模流量进来，同时打通"销售平台（S）"让销售额开始跑起来；随着规模的扩大再回过头来加入"付费媒体（P）"，让其进一步扩展认知度和流量规模。

上述实操节奏背后的逻辑用大白话来说就是：让"付费媒体"最后才加入战斗是因为市场预算不够（小企业没钱！），所以先用不花钱或者少花钱的"自有媒体"和"赚得媒体"来建立品牌信任、适度拉入流量并产生销售额。所以我们看到处于起步阶段的公司首先会做官方微信公众号、官方微博号，到百度贴吧和百度知道上发帖子与客户互动等，甚至最开始都是创始人自己卷袖子做这些事情。当流量和销量上升一个新的台阶之后，企业开始有更多市场预算了，再开始花大钱在"付费媒体"上将品牌认知和流量规模推上一个台阶。自此以后，企业就从OES的阉割模式（P因为没钱被阉割去了）进入到常规的POES模式了。

好的，我们已经理解了为什么需要整合营销传播、整合营销传播的基础理论和实战基本功，甚至也看到了宝洁等企业是怎么做整合营销传播的。对于你而言，在落地的时候，一定还会遇到下面两个经典的落地难题，后面的两小节会逐一回答这两个难题：

（1）分钱给大类：按照什么比例将市场预算分配进品牌型广告和流量型广告这两大类中？这个问题基本等同于按什么比例将预算分配给传统广告和数字营销？

（2）分钱给小类：在传统广告和数字营销这两大类中有那么多层出不穷的创新，比如搜索引擎、信息流、社交媒体、互联网电视、短视频、社交媒体网红KOL[1]、KOC[2]、直播带货……我们应该如何应对？如何安排恰当的人力和预算给这些子类目？

7.4　CMO秘方：品牌型广告与流量型广告配比是6∶4还是8∶2？

为何品牌型广告和流量型广告的配比成为经典难题

之前我们把整合营销传播的四类工具到底是怎么配合发

---

[1] KOL，即Key Opinion Leader，关键意见领袖；是营销学上的概念，通常被定义为：拥有更多、更准确的产品信息，且为相关群体所接受或信任，并对该群体的购买行为有较大影响力的人。

[2] KOC，即Key Opinion Consumer，关键意见消费者，对应KOL。一般指能影响自己的朋友、粉丝，产生消费行为的消费者。相比于KOL，KOC的粉丝更少，影响力更小，优势是更垂直、更便宜。

力讲明白了。但这只是整合营销传播的基本功，<u>真正的难点是：这些工具的市场花费配比应该怎么安排</u>。就好比，当从蓝翔技校的厨师班毕业后，每个厨师面对的可选食材、作料和炉子火力都是差不多的，但有的厨师做出川菜而有的厨师做出广东菜。

"品牌型广告"被如此命名的原因是它对品牌认知度和好感度的提升作用明显，但因很难与客户直接互动而几乎不会直接带来潜客流量；整合营销传播四类工具中的"传统广告"基本都是品牌型广告，比如户外大牌广告、地铁广告、公交车身广告、出租车广告、电台广告、电视广告、杂志广告和电梯广告等。

"流量型广告"被如此命名的原因是它能与客户直接互动（比如客户直接点击百度关键词广告而进入官网），因此可以直接带来潜客流量；整合营销传播四类工具中的"数字营销"基本都是流量型广告，比如搜索引擎广告、信息流广告和网络视频广告等。

【案例】

分众传媒的创始人江南春先生在两个方面给我留下了深刻印象，<u>一是他特别强调"建设品牌"，而不是只专注流量</u>，他想说的其实是应该提升品牌型广告的配比，通过电梯广告这样的品牌型广告来提升品牌认知，通过认知来拉动流量和提升信任，当然提升信任也就是提升潜在客户的转化率；二是他提倡"饱和攻击"，饱和攻击的含义是每次要"炸"品牌型广告的时候就要极致猛烈，每次都在客户脑海中轰出深刻的印象。

整合营销传播既是一门技术活，也是一门艺术活；不同CMO的整合营销传播的配比策略确实会有很大不同。品牌型广告和流量型广告的配比，或者说，传统广告和数字营销在总市场预算中的配比成为一个经典的难题。可口可乐、阿迪达斯、TutorABC、精锐教育、学而思、麦当劳和其他每个成功的品牌都有自己的秘密配方，这个秘密配方掌握在CMO的手上（不外传！）。

品牌型广告和流量型广告的配比原理和逻辑

对于CMO而言，最容易做的决定，也是最没有风险的决定就是把所有的花费预算都放进流量型广告。因为根据过往的经验，流量的成本和对应的流量结果型指标是相对确定的。比如在在线教育的行业中，很多有一定规模的企业获得一个"潜在客户（Leads）成本"（简称潜客成本）在2015年是50元至100元之间，业内也称这个指标为名单成本，也是很多企业内部沟通中经常会用的英文术语CPL（Cost per Lead）。这里的"潜客成本"具体指获得一个希望参加试听课的客户的成本。

而随着竞争更加激烈，2018年的潜客成本在100~200元；2019年之后，很多企业的这个成本数值甚至更高。

虽然不同企业因为自己的市场投放量级和团队能力会产生不同的潜客成本数值，但对于单个企业而言，这个潜客成本的数值是相对明确的。因为这个数值的确定性，CMO和CEO很容易计算得出市场花费能为公司带来的产出结果：市场花费金额/潜客成本=潜客数量，然后，潜客数量×转化率×客单价=销售额，所以，如果把所有的市场花费预算都放进流量型广告，在"出发"之前，就已经基本预测出销售额的结果了。这是为何CMO，有时是CMO被CEO"逼迫"，做出把100%的市场花费预算都放进流量型广告的底层原因，尤其是在企业现金流紧张、市场竞争环境变量太多时的"方便"与"安全"决策！

但问题来了！

从逻辑上来说，整合营销传播的原则告诉我们：之所以需要将传统广告、数字营销、公关和销售促销这四类传播工具加以整合，是因为它们各自的"能力"有所不同，所以需要整合它们以互相取长补短。

从实操上来说，当我们100%投入流量型广告一段时间之后，当潜客数的量级到达一定程度之后，数据上会出现<u>两个指标的黄色预警</u>："潜客成本攀高（甚至高到离谱）"和"转化率指标下降（甚至大幅下降）"，因为市场上认知我们的客户不够多，且客户的信任度不够。此时如果不在预算配比中加入品牌型广告，上述两个预警指标会持续恶化。

我们来列举一些在线教育相关的案例。因为其互联网+属性，这个行业在品牌型广告和流量型广告的配合模式和"症状表现"上非常典型。出于商业机密保护方面的考虑，一方面，我们从客户看到的公开现象角度来说明案例；另一方面，所提及的数值基本是行业数值；如果有提及具体企业相关的数值也都被做了处理，非实际数值，但逻辑上可帮助我们理解其背后的普遍性原理。

【案例】

如果不做任何品牌型广告，我们可以把（几乎所有）预算都放进百度搜索引擎广告（最典型的流量型广告），当客户搜索"初中数学辅导""在线辅导"和"学而思网校"等关键词的时候，我们可以把这些客户引导进入官网，当客户提交试听课申请则成为"潜在客户"。

"初中数学辅导"是典型的"产品词"，对初中数学辅导有具体产品需求的客户会搜索这个词；而"在线辅导"是典型的"行业词"，被行业"教育"过，知道现在除了找（传统）线下家教外还有找在线辅导老师的客户会搜索这个词；"学而思网校"是我们说的"品牌词"，之前通过其他渠道就知道这个品牌的客户会搜索这个词。

假定在上海，最近几个月的单月都只有1000个客户搜索这三个词，如果我们在百度竞价中的出价领先，理论上我们可以把这1000个客户中的大部分（举例60%）都"捞"进来，成为我们的潜在客户。但如果我们在百度竞价中排名落后，我们可能只能"捞"进来其中的小部分（举例40%）。为了获得更高的流量（更多的潜客数），在百度上我们只能提高我们的出价，通过持续的更高出价来打败对手，获得这1000个客户中的更多客户（蛋糕没有更大，只是份额更大！）。依此推算，在蛋糕不变的情况下，如果我们追求逐月增长，我们的出价只能越来越高，最后导致百度上获得潜在客户的成本也越来越高！比如曾经在百度上，"初中数学"这个关键词的点击成本高达38元/点击（CPC^1=38元），这个离谱的点击成本是被对手之间的竞争"抢"出来的结果，也有点"涸泽而渔"的感觉。

解法来了！

"亡羊补牢"的故事告诉我们狼会去羊圈猎羊，这个有点类似数字营销的"点射"！但《狼图腾》里面描述了狼群在冬季规模化狩猎的场景，它们会想尽办法把羊从四面八方"赶"到悬崖边，然后一举把羊群全都逼到悬崖下去；羊群大部分会摔死在悬崖下，对于奄奄一息的羊们，狼群会上前"补射封喉"，然后狼群把羊群就地掩埋在冰雪和土壤下，此地就成为狼群的粮仓。企业和客户的关系当然不是狼群和羊群的关系，这个案

---

[1] CPC是"Cost Per Click"的英文缩写，意思就是每次点击付费广告，当用户点击某个网站上的CPC广告后，这个站的站长就会获得相应的收入。

例仅仅是为了让大家理解一个词:"赶"。

"赶"更多的客户到百度上去搜索"初中数学辅导""在线辅导"和"学而思网校"这三个词,也就是把蛋糕做大!即使在百度上保持原有出价,也可以让我们获得更多潜在客户。而"赶"更多客户,把蛋糕做大的方法就是投入品牌型广告。比如当"学而思网校"的广告大规模地出现在办公楼和住宅的电梯上、地铁站内的灯箱上、飞机场的行李推车上、小区门口的升降道闸上、地铁的拉手上等,更大量级的客户会意识到:如果孩子需要初中数学辅导,现在可以有"在线辅导"作为选择;"在家(在线)辅导数学"非常方便,能节省路途奔波的时间和精力,并且"学而思"网校可能是非常好的选择,因为它是由北大学霸创立、师资都是经过严格筛选和培训的专业老师;另外,学而思网校属于学而思教育,而学而思教育是中国领先的中小学学科辅导班课品牌、在美国纽交所上市的明星教育企业。

因此,更大量级的客户会到百度上搜索"初中数学辅导""在线辅导"和"学而思网校"这三个词,形成了<u>传统广告"大规模轰炸赶鱼",数字营销"拉网捞鱼"的协同模式。此时看到的数据会是:在百度上"捞进来"的潜在潜客数大幅增加,获得潜在客户的成本却没有上升</u>。

当然,你可能会发现虽然百度这里的潜客成本没有上升,但当月品牌型广告方面花了很多钱啊!是的!但我们再多看一步数据,会发现"转化率"上升了,因为品牌型广告拉高了客户的好感度和信任度，也就是会导致总的投入产出比数值更好了（或者没有更差），且同样重要的是此时销售规模也上升了。

上面说明的传统广告"大规模轰炸赶鱼"，数字营销"拉网捞鱼"的协同模式，也即品牌型广告和流量型广告的协同模式。为了方便梳理逻辑，上面只举了百度搜索引擎作为流量型广告的例子。当然，流量型广告除了百度、360、搜狗、神马这四大搜索引擎广告（SEM：Search Engine Marketing）[1]之外，信息流广告也一定会在上面的实战场景中被用到的。2015年之前，信息流广告通常作为搜索引擎广告的流量补充，但从2015年左右开始，非常多的企业在信息流广告上的投放量级已经超过了搜索引擎广告，信息流广告的渠道有今日头条、微信朋友圈和广点通等。

品牌型广告和流量型广告的配比数值是多少

好的，回到那个价值50亿元的问题：品牌型广告和流量型广告的配比是6∶4还是8∶2？

终于能说服CEO和自己应该投放品牌型的广告了，尤其

---

[1] SEM（Search Engine Marketing）的中文直译是"搜索引擎营销"，但业内人士所理解的含义和具体操作内容就是"搜索引擎广告"，比如在搜索平台上投放按点击付费的广告。所以，在实战中，"搜索引擎广告"是SEM被广泛使用的中文名称。

是如果企业请了代言人之后，我们要将其价值最大化地利用！那我们到底应该投多少市场预算进品牌型广告用来"大规模轰炸赶鱼"，同时应该安排多少市场预算进流量型广告来"拉网捞鱼"？

对于北京、上海、广州、深圳这样的超一线城市，单个城市单月人民币1200万到2000万放进品牌型广告可能会有点"饱和式攻击"的感觉了，当然要做到极致的饱和式攻击其实没有上限，同时单个城市单月人民币300万到400万被放进流量型广告；对于杭州、南京、武汉、成都、西安等这样的大省会级城市而言，单个城市单月人民币500万到1000万放进品牌型广告会有适度的饱和式攻击的效应，同时单个城市单月人民币200万到300万放进流量型广告；对于其他较大的地级市而言（比如宁波、无锡、厦门等），品牌型广告可能需要单城市单月300万到500万，而流量型广告则在80万到150万。所以在轰炸品牌型广告的当月，在单个城市出现的配比非常可能是8∶2或者7∶3。

你应该会产生疑问，上面的数字是怎么来的？并且不同规模的企业应该有不同的答案？上述数值来自营销人圈内大家比较认可的大致估算，它们经过了多个行业多年的实战摸索和检验。

同时，一个城市在品牌型广告方面的"饱和式攻击"所需要的市场预算其实是由这个城市的面积、人口规模和媒体环境所决定的，这些都是企业的客观外部条件。简单来说就是：这个城市有这么大，有这么多人，广告媒体就这么贵（或便宜），对它的饱和式攻击成本是由这三个因素而定的，而不会因为企业自己的大小、现金流状况、第几次进攻这个城市而定。当然，一些CMO和CEO的"性格"也决定了他们会用"极致饱和式"的品牌型广告攻击，这种背景下的品牌型广告花费可能会远高于上面的数字。

那在之后的月份呢？单个城市的品牌型广告和流量型广告的配比非常大可能会倒过来变成2∶8或者3∶7，甚至很多企业用的是1∶9或0∶10。因为极少有企业能在单个城市持续每年12个月都支撑品牌型广告的"饱和式攻击"，所以大家选择的策略通常是"脉冲式饱和攻击"，也就是一年之内对单个城市用品牌型广告饱和式攻击一次到两次；如果是两次，则两次之间需要间隔半年。用大白话来解释就是品牌型广告太贵了，中国的城市那么多，再有钱的企业的市场预算也是相对有限的，所以我们就一年对单个城市狂轰一次到两次，每次一个月左右，其他的月份就主要用流量型广告来收网捞鱼，因为饱和式品牌型广告轰炸之后还有"印象余温"可被用于支持其他月份。

关于品牌型广告和流量型广告的配比是6∶4还是8∶2，你已经得到了一个大致的答案。但需要特别强调的是这个配比是针对一个城市的配比。因为在企业的大版图内，那么多的城市其实分别处于不同的阶段，看所有城市的混合配比对于理解预算分配的合理性是没有意义的。如果硬要看月度年度的、所有城市的总体配比，把所有单个城市的预算配比和预算金额列出来并逐一汇总，就是CEO和CMO关心的当月或当年的市场计划中品牌型广告和流量型广告的总体配比了。

虽然有上述大致的配比，但落地到每个企业，大家会有属于企业自身"性格"的配方，甚至形成属于企业CMO的秘方（不外传！）。这就是前面说的，面对同样可选的食材、作料和炉子火力，有的厨师做出川菜而有的厨师做出广东菜，并且即使同样是川菜，口味也有差异。不同CMO的整合营销传播的配比策略会有很大不同。整合营销传播既是一门技术活，也是一门艺术活。

【干货】

品牌型广告的"回流"趋势在最近的两到三年内已经越来越明显并且越来越被CMO们认可。从2010年左右开始，企业的流量型广告的绝对投放金额和配比增速迅猛，就连传统的日化、服装和食品企业比如宝洁、联合利华、雅诗兰黛、耐克、阿迪达斯和麦当劳等也是如此。但从2018年开始，越来越多的企业，如宝洁和阿迪达斯等都已经公开表示正在将流量型广告预算中的部分回流到品牌型广告中。一方面，因为它们是典型的品牌驱动的公司，当然更加注重品牌型广告；另一方面，流量型广告在品牌建设上的"比较弱势"和"非万能"在一段时间内得到了验证，所以CMO们基于最近几年积累的经验和数据开始"醒悟"了，就开始了"回流"。

最后，CMO的配比秘方到底怎样才是对的呢？这个问题其实没有"标准答案"，而只有各企业自己的"当下更优答案"。终极的检验标准是：潜客数规模和销售额规模有按照预期增长吗？总体投入产出比（ROI）有在预期之内吗？

7.5 整合营销传播创新驱动了"人"和"钱"的分配迭代

无论怎么变，其实也只是新的"传播渠道"而已

整合营销传播是对四类传播工具的整合，但在过去100年，营销人见证了这四类传播工具发生非常多的变化："二战"以前盛行报纸、杂志和电台；"二战"以后开始盛行电视；1998年中国开始有新闻门户网站；1999年腾讯QQ让中国人开始网络即时聊天；2000年谷歌的搜索引擎进入中国；2008年中国人从开心网开始玩社交媒体；2009年大家开始玩新浪微博，随后开始出现了网红（KOL）；2011年微信上线几乎让每个人有了手机短信和电话之外的沟通方式：微信文字、微信语音和朋友

圈；2013年视频网站的OTV广告（互联网电视广告）开始发力，尽管此时距离可能是中国最早的视频网站土豆网上线的2005年已经有8年；2015年手机端的搜索引擎占有率开始超过电脑端搜索引擎；2016年抖音开始让全中国人包含孩子和老人玩短视频；2019年部分已经玩溜短视频的有志青年开始在抖音、快手和小红书等平台放飞自我，涌现出众多的直播带货红人；今天你是不是已经差不多忘记了在新浪微博时代的大红人凤姐了?！甚至到了2020年，CEO要是不亲自站台搞直播都不好意思与人打招呼……

为了搞清楚这些层出不穷的变化，看清本质，我们必须要解构分析一下"传播三要素"。整合营销传播是对四类传播工具的整合，但无论哪一类传播工具，都包含传播三要素：目标客户（Audience）、传播内容（Message）和传播渠道（Communication Vehicle）。它们背后的基础原理是这样的——

第一要素，目标客户：前面章节提及的市场营销管理八大模块中的第二和第三模块，也就是"客户细分"和"目标客户选择"合力回答了"只服务谁"，其实就定好了"目标客户"；

第二要素，传播内容："传播内容"的大方向早就被"定位与品牌"决定了，它们是前面章节提及的市场营销管理八大模块中的第四模块：我们的传播内容始终将围绕我们是谁、我们做什么和我们有什么不同、对客户的那个品牌"承诺"；

第三要素，传播渠道：整合营销传播的四个工具如何配比，在 CMO 的秘方中已经有了，并且这个配方在悄悄地迭代，也即定好了"传播渠道"的组合。

好的，关键点来了！

上面列了那么多的进化和创新，但从本质上来说，万变不离其宗：在过去 100 年中，持续创新变化的领域其实是"传播渠道"这一个要素！用大白话来说，无论你怎么变，其实也只是"传播渠道"而已！随之而来，"传播内容"的表达形式会相应变得更加丰富多样，但最终"传播内容"的核心目的是一直没变的：帮助客户理解并信任我们的"承诺"。

我们列一些具体的案例来看营销人是怎么运用那些"老的"和"新的"传播渠道的，同时帮助理解因为"传播渠道"的不同（创新）会相应带来什么样的"传播内容"的不同。

【案例】

传统广告团队在腾讯视频的热剧开头插入 15 秒的视频广告，用明星的形象和简短有感染力的文字与生活场景来表达品牌历史和产品特性；数字营销团队在今日头条的新闻信息流中间插入四分之一屏的平面海报来告知客户产品特性、价格和销售促销；社交媒体团队在新浪微博用 140 个字和配图来简述企业新产品发布，并让企业与客户在百度、知乎上用简短而多轮的问答来进行沟通，其间可能也有激烈的多方互动与挑战；公关团队在《第一财经周刊》上用公关软文以数千字娓娓道来品牌故事和创始人传奇；黑客增长团队用微信公众号向粉丝推送带奖励政策文字和二维码的海报来刺激客户登录链接购买并转发海报给亲友……

【小澄清】

我们也顺便"小澄清"一下：内容营销（Content Marketing）和社交营销（Social Marketing）的概念起源于2010年前后，也就是社交媒体开始起步的时候；不得不说，两者的本质是"传播渠道"和"传播内容"两方面的创新在推动客户认知和决策上带来了更丰富多样的方法和更高的效能，但其本质还是"传播渠道"和"传播内容"。虽然我们认同应该把社交媒体环境下的传播内容放到更重要的位置，甚至我们非常赞同"内容为王"，但我个人觉得它们并不能上升到所谓营销（Marketing）的高度，也就是没有必要在"内容"后面加上"营销"两个字，也没有必要在"社交媒体"后面加上"营销"两个字。因为内容就是内容，社交媒体就是社交媒体！大家仔细想想，"营销"这两个字是被滥用了，比如我们还能看到"微信营销""工具营销""小程序营销"这样的概念。这些新词和新概念虽然比较吸引眼球，但我个人不太赞成这样的让事情本质更加模糊的方式。

最近，还有社交媒体网红（KOL）起源于2009年，关键意见消费者（KOC）起始于2019年，网红直播带货的说法也盛行于2019年……未来还会不断出现更多新的概念和说法，但我们需要看清其本质，才能理解、认同并有效运用它们。

将钱和人持续往新的传播渠道迁移

看清本质为何就那么重要呢？除了因为我是市场营销科班背景出身，所以我在意每个事情背后的体系和逻辑；同时，当作为市场决策人面对那些层出不穷的新概念、新工具、新方法的时候，只有看清楚了本质，我们才能判断是不是要把"市场钱"和"市场人"放进去！

2009年前后，我们的市场营销团队在决定是否要在新浪微博上投放广告；2013年，我们在决定是否要将传统电视广告和户外大牌广告的预算挪一部分给OTV广告，也就是互联网电视上的贴片广告；2014年，我们在决定是否要投微信朋友圈广告；2015年开始，我们在决定是否让手机端的搜索引擎广告费配比超过电脑端，同时，是否将传统客户关系管理系统升级为大数据管理平台；并且是否将程序化购买[1]的花费比重大幅提高，甚至让其在数字营销上的占比超过30%；2016年，我们在

---

[1] 程序化购买就是基于自动化系统（技术）和数据来进行的广告投放。它与常规的人工购买相比，可以极大地改善广告购买的效率、规模和投放策略。

决定是否要在抖音上投短视频广告，而此时企业内的创意团队基本都是平面设计师，而比较少有多媒体方向的设计师；

2017年开始，我们在决定是否要大幅加码在微信公众号上的广告投入，但此时微信公众号生态环境非常复杂，除了有"咪蒙"这样的大号，还有很多长尾的中小号；并且传统的社交媒体团队此时并不擅长媒体采购，而擅长媒体采购的传统广告团队和数字营销团队却不了解微信公众号生态圈内的KOL；2018年开始，我们在决定是否要让放在头条系的广告预算超过放在腾讯系的广告预算；2019年开始，我们在决定是否要让KOC干掉KOL，因为KOC快速崛起，而KOL的投入产出比因为竞争激烈而大幅下降；

2020年当新冠病毒把所有人关在家里面，直播变成了最热门的获客引流方式；所有品牌都意识到OMO（线上和线下融合）的必要性，并且去线上找流量，随之而来互联网广告的成本再次急剧上升，我们不得不决定在黑客增长的工具和团队方面再度加倍投入，通过裂变拉新和提升整体转化率来平衡媒体采购价格的上涨……

对于上面的那些"是否"疑问，我们今天已经知道答案全部都是肯定的，甚至会有人觉得这些问题的答案是天经地义的！但回想当时，因为面对创新、面对不确定，我们自然会有很多有时代特征的不知所措。当然，它们已经成为历史性的困惑了。

创始于2008年的"金投赏"盛会,是营销人圈内很受欢迎的一个盛会,有点类似于中国商业创意领域的奥斯卡,每年举办一次。如果我们只是把金投赏每年主分会场的演讲与辩论主题清单汇总看一遍,即使不去听每个主题里面的具体内容,我们也可以看到上面我所提及的那些变革创新,还有营销人的困惑、领悟和进步。

好了,说到这儿,你应该可以感受到营销人面对创新挑战的时候,多么需要自身有强大的体系和辨别力。现在你可能更加理解,甚至原谅我为何从头到尾都对某些"花哨的新概念和新词汇"特别谨慎,甚至要敬而远之的原因了。再回应一下前面我特别强调的:整合营销传播这里有实战,这里也非常需要理论基础并背靠完整体系,否则仗会打得晕头转向!

好的,下一章我们来梳理"黑客增长",这个2017年开始的超级热门话题和工作模块!

■ 本章要点

市场营销组合的第4个P"促销组合"是我们与客户沟通并说服客户的工具和方法。从本质上说,它其实就是大家熟知的、传说中的"整合营销传播"。整合营销传播的【定义】是:将传统广告、数字营销、公共关系和销售促销这四类工具有机整合;而需要将它们整合的原因是上述四类传播工具在客户的不同购买决策阶段中所能发挥的功能有很大的不同。

整合营销传播既是一门技术活,也是一门艺术活。整合营销传播的真正难点是:这四类工具的市场花费配比应该怎么安排。好比面对差不多的食材、作料和炉子火力,有的厨师做出川菜而有的厨师做出广东菜,不同CMO的配比策略会有很大不同。关于这个配比,每个CMO和成功的企业都有自己的秘密配方!

整合营销传播的四类传播工具中的无论哪一类其实都包含三个传播要素:目标客户(Audience)、传播渠道(Communication Vehicle)和传播内容(Message)。

过去100年,我们看到了非常多的进化和创新,比如搜索引擎、社交媒体、互联网电视、短视频、直播……但从本质上来说,万变不离其宗:在传播三要素中,持续创新变化的领域其实是"传播渠道"这一个要素!用大白话来说,无论你怎么变,其实也只是一个新的"传播渠道"而已!随之而来,"传播内容"的表达形式会相应变得更加丰富多样,但最终"传播内容"的核心目的是一直没变的:帮助客户理解并信任品牌的"承诺"。

未来还会不断出现更多新的传播工具、新的概念和新的说法,但我们需要看清其本质并有效运用它们。说到这儿,希望你在眼花缭乱之后,理解万变不离其宗,对过去几十年有通透感,以及有自己参与历史、改变历史,并一切尽在掌握的感觉!

■ 本章思考

1. 整合营销传播到底是将什么进行整合？
2. 源起于宝洁（P&G）的整合营销实战模型（POES模型）适合于其他行业吗？适合于创业公司或者中小型公司吗？
3. 我们过去100年看到的很多创新，比如报纸、电台、杂志、电视、户外大牌广告、公交车身广告、电梯广告、搜索引擎、社交媒体、互联网电视、短视频、直播……它们的本质是什么？到底什么被改变了，而什么一直都没变？
4. 我们怎么说服CEO和自己，在流量型广告投入的基础上也需要投入品牌型广告？品牌型广告和流量型广告的配合模式是什么？它们的投放金额配比是多少？
5. 请回顾一下你所服务的品牌的潜客成本、转化率、客单价、销售额和投入产出比（ROI）这五个数值是多少？它们目前的数值合理吗？
6. 从2018年开始，为何宝洁和阿迪达斯等国际大品牌开始考虑将流量型广告中的部分回流到品牌型广告？背后的逻辑和挑战是什么？

第八章 黑客增长：
用"试验"驱动五种增长

从2018年开始，不提"黑客增长"或"用户增长"都不好意思跟人打招呼！黑客增长的本质是用高速度、跨职能的试验驱动AARRR五种增长，推动客户生命周期价值最大化。"黑客增长"对销售额的贡献惊人，其贡献占比已超过50%，但黑客增长远不只于微信群运营，黑客增长也不能取代广告投放，黑客增长的机会点会发生在客户全生命周期的所有环节中！

市场营销管理八大经典模块

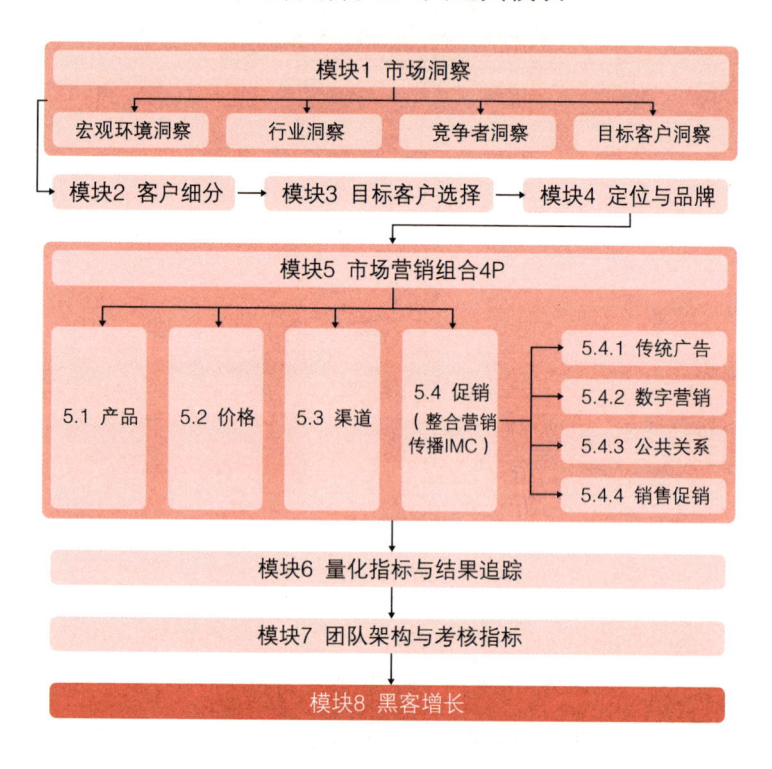

模块1 市场洞察
- 宏观环境洞察
- 行业洞察
- 竞争者洞察
- 目标客户洞察

模块2 客户细分 → 模块3 目标客户选择 → 模块4 定位与品牌

模块5 市场营销组合4P
- 5.1 产品
- 5.2 价格
- 5.3 渠道
- 5.4 促销（整合营销传播IMC）
  - 5.4.1 传统广告
  - 5.4.2 数字营销
  - 5.4.3 公共关系
  - 5.4.4 销售促销

模块6 量化指标与结果追踪

模块7 团队架构与考核指标

模块8 黑客增长

【本章节涉及的人名及企业名称】

肖恩·埃利斯、摩根·布朗、跟谁学、高途课堂、精锐教育、掌门1对1、滴滴、美团、饿了么、趣头条、东方头条、脸书、领英、多宝箱、可口可乐、百事可乐、宝洁、互动宝、任务宝、咕噜管家、媒想到等。

在2018年和2019年，营销人如果不提"黑客增长"都不好意思跟人打招呼！就像2014年和2015年，我们如果不提"大数据"都不好意思跟人打招呼一样。"黑客增长"是2017年以来超级热门的话题和工作模块，很多人也称之为"用户增长"或"用户运营"。

"黑客增长"是市场营销管理八大模块中的第八个模块。前文已经梳理了第一到第五模块。因为黑客增长与"做事"相关，所以考虑到与前文的连贯性，我们在本章先梳理第八模块，而在后续的第九章和第十章来梳理第六和第七模块，也即与"对事考核""对人考核"相关的模块。

作为CMO，如果有一件事情我有机会再重来一遍，这件事情就是我会让我那已经数十人的黑客增长团队在过去几年再扩充数倍的人数，并且再获得数倍的财务资源和数倍的产品研发资源；除了与CSO（销售负责人）紧密合作之外，CTO（首席技术官）是我最应该协同与"互逼"（互相驱动）的伙伴。

关于"黑客增长"有下面几个基本问题：

1. 黑客增长的本质是什么？
2. 黑客增长的"玩法"有哪些？
3. 有了黑客增长，还需要投广告吗？
4. 黑客增长的团队怎么配置，CXO中到底谁才是黑客增长工作的第一负责人？

进入后面的内容之前，你也可以照例带上几个有趣的问题：为何很多企业的黑客增长团队动不动就是几十人？为何黑客增长的工作会那么依赖数据分析和产品研发（程序员编程），而后者其实不是典型的营销人技能？为何黑客增长特别强调跨组织的团队协作？为何很多CMO都要改职位名称为CGO(首席增长官）？

8.1 黑客增长的本质：用高速度、跨职能的试验来驱动五种增长

"黑客增长"的出现是为了提升"市场营销"的生产力！就如"定位"的出现是为了提升"品牌"的生产力！

早在2010年前后美国硅谷的互联网成功创业者肖恩·埃利斯就在自己的博客中提出了黑客增长的概念；在2017年他和摩

根·布朗共同出版了经典著作《黑客增长》(*Hacking Growth*)，所以他们被认为是"黑客增长"的理论之父和实践先驱。

中国人特别较真【定义】这件事情，习惯用一句话或一段话非常精确地把一件重要的事情讲明白。那么，"黑客增长"的定义是什么呢？其实肖恩·埃利斯并没有用一句话或一段话来明确黑客增长的定义，但他的"娓娓道来"多次特别提到：黑客增长的使命是"尽一切可能挖掘一个产品或服务的增长潜能"，并且这是"一套通过高速度、跨职能的试验来驱动增长的方法"，"在每一个成功案例中，增长都不是通过传统的广告营销获得的，而是通过编程上的一些巧思，而且都是在预算紧张的情况下实现的"，"成功的黑客增长试验能从客户拉新、激活、销售、留存和推荐这五个方面带来增长"。基于对肖恩·埃利斯的"所思"与"所为"的理解，<u>黑客增长的【本质】是：一套通过高速度、跨职能的试验来驱动五种增长的方法</u>。

肖恩·埃利斯特别提醒大家上述方法其实"似曾相识"啊，因为"<u>敏捷软件开发</u>"（Agile Software Development）或"<u>精益创业</u>"（Lean Startup）也用了类似的逻辑和方法。敏捷软件开发是将这样的一套方法用于"产品开发"；精益创业是将这样的一套方法用于"新商业模式探索"；而"<u>黑客增长</u>"则是将同样的方法用于客户拉新、激活、销售、<u>留存和推荐这五个方面带来增长</u>。

可能因为"黑客增长"专注的是"用户数量的增长"和"用

户生命周期价值的最大化"，所以中国的实战派们在增长前面加了两个字"用户"，而创造了"用户增长"这个词，并且广为传播。目前营销人、CXO们经常提及的"黑客增长""用户增长"和"用户运营"，其实说的基本都是源于肖恩·埃利斯和摩根·布朗的这一套方法。

【小澄清】

曾经一个A股上市公司的CEO与我讨论："我们的企业内已有的市场营销团队和销售团队不是就在负责用户数量和销售额增长的事情吗？为何还再要一个'用户增长'的团队？"听完我恍然大悟，原来是中文翻译让"用户增长"的核心原理被搅浑了。所以我们要理解的关键点是"一套通过高速度、跨职能的试验来驱动五种增长的方法"。<u>为了体现原意和真谛，并避免混淆，我们还是用"黑客增长"这个术语吧！</u>

8.2 用试验驱动五种增长：AARRR

我曾经迫不及待地想看看"肖恩·埃利斯们"到底在干什么，到底有多么高级和神奇，但后来略有失望却也非常惊喜地发现肖恩·埃利斯在"方法"和"实战"中建议我们做的事情是："调查用户的需求""好产品是增长的根本""重新定位产品""利用数据和算法为用户定制产品和功能""优化定价""发掘新渠道""整合数据资源""设计打动人心的广告语""优化新用户体验""复活僵尸用户""必要的高层支持""打破团队筒仓"……

上述工作难道不是营销人一直在做的"市场洞察""定位""产品""价格""渠道""促销"等方面的事情吗？黑客增长在影响和优化市场营销管理全局中的所有工作内容，这是为何我们说"黑客增长"的出现是为了提升"市场营销"的生产力！

但不同的是，肖恩·埃利斯在"实战"指导中特别强调贯穿客户全生命周期的五个阶段AARRR，这五个英文字母分别代表的是："获潜客"（Acquisition）、激活（Activation）、销售变现（Revenue）、留存（Retention）和推荐（Referral）。也即，黑客增长希望在市场营销管理的任何环节发现机会点来驱动增长，但归纳起来具体包含五种类型的增长：更多的潜客、更多的潜客激活、更多的潜客转化成销售额、更多的客户留存和更多的客户推荐；最后，当五种增长汇聚在一起，让我们实现了客户全生命周期价值的最大化！

那"黑客增长"的这一套高速度、跨职能的试验到底怎么操作呢？肖恩·埃利斯发明了"黑客增长流程"，也称之为"黑客增长闭环"（见图8-1）。这个图形可能是我本人见过的看上去"最不像样"的一个模型图或流程图了，因为太简陋了，好像说了大家都明白的最简单的大道理。是的！但它就是那个帮助了众多企业的、风靡全球的、大名鼎鼎的"黑客增长"背

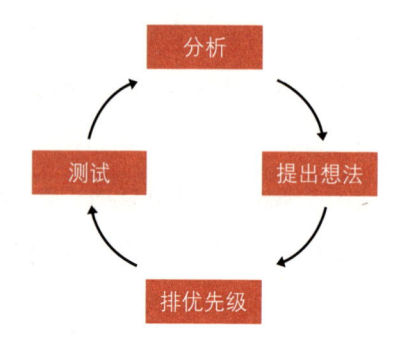

图8-1 黑客增长流程

后的基础操作流程：

步骤一：提出一些可能带来增长的想法；
步骤二：将这些想法排优先级；
步骤三：快速测试；
步骤四：分析结果，并依结果快速迭代；
最后，将上述四个步骤快速而无限循环。

8.3 黑客增长的爆款玩法"养鱼再钓鱼"

因为黑客增长的核心是用试验来驱动增长，所以各企业都在快速开展大量的试验。当然，事实证明大部分的试验都失败了，也就是我们最初以为的机会点大部分都不能带来增长，最后只有小部分的试验经过大浪淘沙而被留存下来成为后续日常的工作方案。所以最近营销人经常用于打招呼的"黑话"是"你们最近有什么（活下来的）新玩法？"，听上去有点Low（不够高级），但这也说明黑客增长工作"接地气"啊！

在线教育应该是黑客增长应用中往前冲得最快的行业之一！因为这个行业竞争激烈、投广告缺钱、需要用户快速增长，并且业内有很多产品研发（编程）方面的人才。这些优劣势特征与那些硅谷最早推行黑客增长的公司很相似。

我们来列一个"爆款玩法"，这是"活下来"的一系列经典试验的结晶。从在线教育的"在线英语"这个品类开始，大家已经熟练掌握用品牌型广告推动认知和信任，同时用流量型广告把潜客拉进来，也就是把要参加试听课的潜客（Leads）弄进来，然后由电话销售团队通过电话沟通跟进砍单。但随着竞争加剧，流量型广告的单价成本逐年升高，并且客户在下单前要跨过的信任成本很高，所以往往从潜客到新签（首次购买）的转化率很低，转化率通常在3%~5%，甚至更低，最后的结果是获客成本太高，新签一个客户的ROI（投入产出比）很低。

【案例】

跟谁学旗下的"高途课堂"可能是在线学科辅导的大班直播课领域中最早跑通并规模化"名师直播课+微信群裂变拉新"的成功典型。背后的基本逻辑其实是：把以往电话销售团队拿到潜客就直接"生硬"地通过一节试听课来砍单（虽然有试听课作为缓冲），变成了把客户先放进微信公众号、放进按年级和学科分的微信群等这些流量池子里面养起来，然后把名师直播课等内容不断作为鱼食和鱼饵喂给池内的鱼妈妈和鱼宝宝们……同时，这些池子内的鱼儿也会被激发拉新的鱼儿进来。所以，<u>根本差别是"霸王硬上弓"变成了"池内养鱼、再钓鱼"</u>，效能指标上大幅增长的是转化率和ROI。

黑客增长团队在这里扮演的角色是：发现了潜客转化率低的数据事实，并且认同转化率低的原因是对于此类产品服务，客户需要跨越的信任门槛太高，决策周期相对较长，且决策过程中客户很容易就被竞争对手抢走了，所以就通过"鱼池和鱼饵"先将客户养起来，然后再让他们更加舒服地被转化；在此过程中，同样重要的是客户不仅没有被丢掉，而且还拉进来了身边的朋友一起享受名师直播这样的鱼饵优惠。这里也需要特别强调一下，因为上面的流程变化，导致高途课堂的电话销售团队变成了网络销售团队，他们与客户的沟通砍单工具从单纯的电话，拓展到了同时大规模使用电话加微信私聊、微信群聊和微信朋友圈等！[1]

---

[1] 2017年之后，互联网+企业的电话销售团队都在陆续转型成为网络销售团队，也即销售客服人员把与客户的沟通方式从单纯的电话，拓展到了同时大规模使用电话加微信私聊、微信群聊和微信朋友圈。这个转型是为了提升与客户的沟通效率，但面临的挑战巨大：因为过往销售客服在电话系统内的呼入、拨出、客户跟进等行为和指标都在系统中被追踪和管理，但当微信私聊和群聊等沟通方式成为主流后，因为缺乏系统工具，销售团队的行为管理变成了难题。

圈内很多营销人认为高途课堂的黑客增长工作非常成功,所以他们的获客模型和ROI非常有优势,他们也因此被一度认为是在线学科辅导的直播大班课赛道上盈利能力最强的公司,他们的母公司跟谁学于2019年在美国纽交所上市。高途课堂在"池内养鱼、再钓鱼"的流程创新和运用方面是先行者之一。目前这个"养鱼再钓鱼"流程已经几乎是在线教育企业的标准流程配置了,很多企业甚至做了更优秀的迭代。

8.4 试验方向不止于社群运营以及试验的成败关键

"试验"的目标方向远不止于社群运营

"池内养鱼、再钓鱼"的玩法(流程)太典型了,因为它与微信群的运用有很大关系,导致很多人误解黑客增长就是微信群运营,或者导致很多人误解"试验"只是围绕着社群运营;所以很多营销人每每提及黑客增长就说要搞微信群,但其实不然!在"养鱼再钓鱼"的社群运营之外,各企业做了很多其他方向上的试验。

【案例】

掌门1对1可能是在线学科辅导领域中最早在App内设置将"客户推荐"的合格推荐人设定为"买过单的客户"加上"还

没有买过单的潜在客户",也就是实际客户和潜在客户都有资格作为推荐人并因此获得奖励。提出这个优化方案的同事不是来自市场营销部,而是来自产品研发部的产品经理,因为他看到了推荐页面的"跳出率"指标异常(高);而同期,其他竞争者都还只是保守地把推荐人局限为"买过单的客户",也就是实际客户;当然我们可以理解只把"买过单的客户"设定为有资格的"推荐人",这是过往多年几乎所有企业的常规思路,也是很多企业用来防止推荐作弊的基础手段。但掌门1对1的这个小小的优化方案在头几个月就为企业增加了每月数百万元的新签收入。

回看黑客增长的发源地,美国硅谷的企业也做了很多不同方向上的试验。比如,肖恩·埃利斯通过调研问卷发现客户对多宝箱(Dropbox)满意度很高,所以他发起了"老客户推荐拉新"奖励,客户每推荐一个朋友使用Dropbox的服务则可以额外获得250兆的存储空间。脸书(Facebook)为了快速扩张海外市场,当遇到界面语言版本的门槛时,他们没有按照常规在世界各国雇用员工进行页面翻译,而是编程开发了一个翻译软件,利用众包模式,让网站自己的用户来将网站内容翻译成自己的母语。领英(LinkedIn)的产品研发人员通过编程让客户可以毫不费力地上传他们Outlook邮箱的通讯录并邀请联系人加入领英。Hotmail在每一封客户发出的邮件底部加上了一个"你也可以拥有自己的免费邮箱hotmail"的标签和链接。正如肖恩·埃利斯所说,"在每一个成功案例中,增长都不是通过传统的广告营销获得的,而是通过电脑编程上的一些巧思,且都是在预算紧张的情况下实现的"!

所以,我们应该可以理解黑客增长远远不止于微信群运营,黑客增长的精髓是"用高速、跨职能的试验驱动五种增长"!试验可以涉及任何方面,在客户全生命周期的所有环节中,我们都有可能找到增长机会点。

"试验"成败关键:跨组织协同、数据驱动、内容驱动和工具驱动

在黑客增长的方法体系产生之前,营销人其实也在市场营销工作的各环节有很多小测试、小迭代和持续优化的工作。但"跨组织协同、数据驱动、内容驱动和工具驱动"是黑客增长特别强调的底层思路,也是那些"试验"成败的关键。因为所有成功的试验和最后从试验中存活下来的玩法都会涉及"流程细节""技术(编程)细节""团队协作"等多方面的测试和迭代,甚至需要公司内部和外部的团队一起加入战斗。

经典试验一:在落地页让客户填4个还是1个信息?

2017年之前,在线学科辅导企业所采取的主流方案是客

户必须在落地页（一个界面）填写完"姓名""手机号""学科"和"年级"这四个字段后才能点击"确认"按钮来提交"试听课申请"。其目的是为了让电话销售人员在电话呼出的时候对客户有足够了解，能有的放矢；同时也希望通过让客户填写这四个字段来表达自己的诚意，在很长一段时间内大家会主观地"认为"不愿意填写完整的客户是意向度不够高的客户。因为试听课通常是免费的，企业在试听课上的资源投入巨大，所以希望把试听课留给那些有真实需求或意向度更高的客户。

但问题是让客户填写的字段越多，留名单率会越低，因为很多客户嫌麻烦干脆就放弃了（其中也有高意向度客户）；而填写的字段越多真的意味着客户的意愿度就更高吗？最终我们需要在"更高留名单率"和"更高客户意向度"上找到最佳平衡点。比较安全的方法是快速试验，试验的步骤是让客户从填写4个字段改为3个字段，然后从填写3个字段改为2个字段，再然后从填写2个字段改为1个字段。

经过试验，在2019年和2020年，比较聪明的方式已经进化为"分两阶段"：第一阶段（第一个界面）必填，让客户填写"手机号"这一个字段后就可以点击"确认"，则算申请试听课成功了（客户信息在这里就被系统"抓住"了，没有流失！）；第二阶段（第二个界面）选填，以领取学习资料的名义让客户再选填"姓名""学科"和"年级"这三个字段（客户在这里被了解更多，也更显诚意）。当然，对于客户而言，这两个阶段是无缝连接和过渡的,只是企业的后台数据收集系统把这个过程分解成了两个阶段,以防客户在填完手机号之后嫌麻烦而放弃。这样的流程改进让留名单率更好、客户意向度没有更差且我们对客户的了解也更多。

简单说,之前设定了三个试验方案(3字段、2字段、1字段),但是这三个试验方案都意外失败了!它们败给了第四个方案:保留最初的4字段,但是需要将这4字段变成1+3:"1"也就是让第一阶段收集最重要的字段"手机号","+3"是让第二阶段收集次重要的字段:"姓名""学科"和"年级"。

你可能会问,为什么不直接测试从4个字段变成1个字段呢,或直接测"1+3"呢,而需要逐渐过渡呢?如果你身处每月花费数百万、数千万甚至数亿元流量型广告投放的战斗前线,你希望的是把控快速优化并且不能"捅大娄子",否则潜客获取数量的大幅波动会让整个市场营销和销售团队陷入困境。所以,我们可以事先设定好逐渐过渡的若干试验方案但要尽最快速度完成这些方案的试验,因为晚一天甚至晚一个小时到达最优方案,我们就会损失巨额的市场花费。因此,我们能理解为何黑客增长强调"高速试验"了吧?!

另外,更加"凶狠"的解决方案已经于2020年被在线英语的企业运用:只需要客户提交手机号就可以完成试听课申请,并且这个手机号的提交也不用客户手动输入(因为手动输入慢且容易出错);系统会自动抓取帮客户把手机号填进去,而客户只需要在看到自己的手机号被自动填好后,点击"确认"。也就是,客户只用做一个点击确认的动作(1秒钟),一切就完成了!

上述流程优化,其实已经卷入了数据团队做数据收集和分析、品牌团队和数字营销团队修改页面文字内容来吸引客户在第二阶段留下更多信息、产品研发团队根据新方案修改留名单页(H5[1]页面)的编程等。数据驱动、工具驱动、内容驱动、跨组织协作这四个方面在这个试验中已经表现得淋漓尽致了。

经典试验二:客户填完手机号后要不要再加个步骤"加微信并拉进群"?

让客户在落地页留下自己的手机号、姓名、学科和年级是以往的普遍方式。但经过试验,从2018年开始,各企业会在客户填完上述信息之后额外自动弹出一个有"二维码"的页面,让客户扫码添加企业销售人员的微信号,然后把客户拉进微信群(没群也就没有"养鱼池"了)。

因为最近几年客户的日常沟通已经从手机通话、手机短信转移到了微信语音和聊天。就算是客户想语音沟通也更愿意用微信语音而不是手机通话语音。另外,非常多的手机软件都有强大的推销电话(或骚扰电话)的屏蔽功能,导致正常的销

---

[1] H5,是HTML5的简称,是一种高级网页技术。相比H4,H5有更多的交互和功能,最大的优点之一是在移动设备上支持多媒体。

售沟通电话也被屏蔽了。所以，销售团队的电话拨通率指标近年大幅下降；行业数据显示经过48小时内、多轮次、累计15次以上的电话呼出，电话接通率大约为60%~70%；这样会导致大量客户即使提交了真实的试听课申请，我们的销售人员也联系不到客户。

试验证明通过微信沟通能大幅提升"联络上客户"的比率。前文提及过，在线教育公司每获得一个潜客的成本是100元到200元甚至更高，所以每多联络上一个客户就意味着节约了100元到200元。所以，多增加一个步骤弹出二维码让客户扫描微信意味着省钱和投入产出比的提升。

这样的流程优化卷入了数据团队做数据收集和分析、品牌团队和数字营销团队新增二维码页面上的文字内容来吸引客户添加微信、产品研发团队为新增二维码页面来编程等。

不仅如此，为了能高效地管理成千上万的客户微信号和微信群，以及方便我们在微信生态内管理与客户的互动，企业外部的一系列工具被催生出来了，比如"Wetool"被用来管理众多微信群和微信号，"互动宝"被用来管理官方订阅号与服务号中的粉丝（客户）、"任务宝"被用来在服务号内开展客户的裂变拉新活动等；"咕噜管家"和"媒想到"则被用来生成与管理二维码：为了绕开一个微信群二维码只能被扫200次拉200人进群的上限，每当200人扫码后自动转换成一个新的二维码拉人进新群，并且还能让此推广二维码永不过期（放在纸质印刷品上的二维码会被担心过期)。

前面说的营销人经常打招呼问候"最近有什么新玩法啊",这些创新的工具也是大家交流的重点,因为大家在试验中会不断遇到瓶颈,并且不断会有新的"巧思"和"编程"催生出的新工具能帮助大家解决瓶颈。这些巧思、编程和工具很多来自企业内部团队,也有很多来自企业外部团队。

我们再一次能理解为何黑客增长的底层逻辑是数据驱动、工具驱动、内容驱动、跨组织协作了吧?!下面我再简述几个经典试验,也能反映这四点对于试验的重要性。为了节约大家的时间,我就不一一做出上述两个试验那么详尽的描述了。

经典试验三

想法:让客户先加销售客服的个人微信(A方案),还是先进群(B方案)?

如果多增加一个弹出"二维码"的步骤来把客户拉入微信沟通环境,这个二维码应该是销售客服的个人二维码还是一个微信群二维码,也就是先让客户与销售客服互加个人微信,还是先把客户拉进微信群?

结论:A方案更优!因为客户进微信群后一般就不愿意与销售客服一对一加微信了,也就是我们无法进行一对一沟通,进而永远都拿不到客户手机号之外的一对一沟通方式了,这样会导致该客户很容易从我们手上流失(如果我们通过手机电话也联系不上他）。

经典试验四

想法：让客户下载 App 上试听课（A 方案），还是在小程序上试听课（B 方案）？

如果要让微信群里面那么多的客户参加试听课，并且还希望他们带一些新朋友进来参加。应该在微信群内发纯文字提醒让客户去打开 App 然后看试听课，还是把小程序链接发进微信群内让客户点击链接即可看试听课？

结论：B 方案更优！提醒客户打开 App，并在 App 内看试听课是之前流行的常规做法，因为 App 内的试听课的链接稳定性能更高（不容易掉线）；但让客户直接从小程序链接进去看直播课则大幅提升了客户的便利性，更重要的是客户可以直接把此小程序链接在微信私聊和朋友圈中转发，从而邀请朋友一起参加试听课，这样大幅降低了朋友参与试听课的门槛（因为朋友不用下载 App），也即大幅提升了推荐拉新的效能。

8.5 有黑客增长，难道还需要投广告？

"没钱投广告，但要快速增长（用户）"是肖恩·埃利斯和那些早期摸索黑客增长的企业的共同背景和愿望。无论在什么样的公司，尤其是在快速成长且资源有限的创业公司或中小公司中，有哪个CMO和CEO不喜欢"不花钱却能快速增长（用户）"这样的成长故事呢？！所以，"黑客增长"最初成为热门的重要原因就是大家希望增长但同时不花钱（或少花钱）。

实战中，"黑客增长"确实也非常争气。<u>"黑客增长"可以为企业带来多大的经济贡献？</u>如果用销售额的占比来描述这个经济贡献，这个占比到底能有多大？<u>这个答案是很惊人的！</u>"黑客增长"的手段正在客户全生命周期的各环节提升效能，有些增长黑客的工作能直接带来经济贡献，而有一些是间接带来经济贡献。在很多优秀的企业，仅仅"客户推荐拉新"这一项带来的销售金额占比总销售额已经超过50%，甚至更多！目前资本市场上的投资人都必然会问你的一个标准问题是"<u>客户推荐拉新的销售额占比是多少啊</u>"。甚至，一些希望把自己塑造成为有健康成长能力的明星企业，它们会主动在媒体上公布自己的推荐拉新占比数字，作为自己"健康成长"的标志。

那么问题来了：有了黑客增长，我们还需要投放广告吗？

【干货】

"黑客增长"不是万能的，它不能取代市场营销组合的4个P本身，也不能取代我们在整合营销传播中进行的品牌型广告和流量型广告的投放。比如，在黑客增长方面做得如此成功的"高途课堂"在2017年和2018年大规模推进"池内养鱼、再钓鱼"模型之后，从2019年开始，在微信朋友圈、微信公众号、抖音和今日头条方面的广告投入量级也还是爬到了行业的领先水平。也就是高途课堂在某个阶段也需要大规模投放流量型广告，背后的思考其实是"池内养鱼"的鱼从哪里来的？难道都是裂变来的？如果都需要裂变而来，那规模的再快速增长能达成吗？当然，高途课堂与其他竞争者的重大差别是：因为"池内养鱼、再钓鱼"的能力更强，也就是转化能力更强，所以在同样量级的流量型广告投放的前提下，高途课堂的市场花费ROI会更有优势，市场投入的风险也更低。也就是更厉害的黑客增长，让他们相较竞争对手可以有更大的底气和胆量投放更多的广告，来获得更快速并且投入产出比也不错的进攻！

再比如，青少年英语的某个头部品牌，在资本市场上流传的佳话是该企业的"老客户推荐"带来的销售额占比总销售持续在70%以上，但同时，这家企业是整个在线教育企业中投放品牌型广告和流量型广告最大量级的企业之一。因为它要保持行业内最强的进攻性、最快的增长速度、最大的市场份额，同时有适度健康的投入产出比，而不是仅仅追求最高的投入产出比。（出于信息保密方面的考虑，在此隐去该企业名称）。

综上，用大白话来说，在企业"没钱"投放广告的时候，黑客增长能帮助带来一定的流量和客户数量；但即使有黑客增长我们也需要投广告，因为黑客增长能让广告投放的效率更高。更关键的是，黑客增长的诞生本来就不仅仅是为了取代广告和提升广告效率的,它的使命是通过"试验"来提升市场营销所有工作环节的效率,带来五种增长,最终提升"市场营销"的生产力!

8.6 黑客增长的团队设置和第一负责人

黑客增长的团队应该怎么搭建?谁是企业中黑客增长工作的第一负责人?这是过去两到三年内几乎所有企业都需要回答的难题。

从2018年到2019年,为了把我们自己的黑客增长团队做对做强,我们找来了几乎所有头部的互联网平台公司、互联网+教育公司,甚至趣头条和东方头条这样的在黑客增长方面有冲劲的媒体公司的相关人才来面试。一来,是为了寻觅稀缺的黑客增长人才;二来,是学习市场上最厉害的黑客增长玩法、团队搭建方法和搞清楚黑客增长到底能为企业带来多大的经济贡献。不同于公司其他岗位的面试,无论目标岗位的级别高低,黑客增长相关岗位的第二轮面试的面试官就已经是我们的CMO、CTO和CHO(首席人才官),而再后一轮面试官就是CEO。可见我们对黑客增长岗位的重视程度。

当下各企业在黑客增长的组织架构如何设置这个问题上有不同的答案,但基本是以下三种:第一种,企业设立独立的黑客增长部,直接汇报给CEO;第二种,企业在市场营销中心下面设立黑客增长部，直接汇报给CMO；第三种，企业在各部门内都设置黑客增长的项目组，让部门内员工兼做黑客增长的项目。

经过一段时间的摸索，我们发现将第二种和第三种结合是很多优秀企业摸索出来的最佳答案，也就是：在市场营销中心下设立黑客增长部。同时，在企业关键部门内都设立为黑客增长做贡献的兼职岗位或项目组，并且企业内与五种增长相关的所有岗位都应该有黑客增长的思维和目标。比如BI部门（商业分析部门）的数据分析师能从数据中发掘增长机会；产品研发部门的产品经理通过App的客户体验流程改进来提升购买转化率；市场营销部门的创意设计师通过平面广告上的按钮布局来改变客户点击率等；客服部门的服务经理在向客户提供日常服务的同时植入重复购买和推荐购买的奖励政策，并向客户提供方便的裂变转发工具来提升老客户的复购率和推荐率。

在全公司范围内，谁是黑客增长的总牵头人或第一负责人呢？从市场营销的"了解客户需求、满足客户需求"的本质出发，从市场营销部肩扛的"关注客户全生命周期价值"的使命出发，我们建议CMO应该作为全公司黑客增长的总牵头人和第一负责人，同时获得CEO的特别支持与超级授权，以调动存在于公司各部门的人、财、物资源。

可能也正因为如此，非常多的企业，甚至是那些在市场营销领域非常有建树的全球领先公司正在把首席营销官CMO（Chief Marketing Officer）的岗位名称升级或修改为首席增长官 CGO（Chief Growth Officer）。比如，2017年可口可乐宣布不再设立 CMO 职位，而新设立 CGO 职位。之后，百事可乐和宝洁等也做了相似的决定和安排。2018年在美国纽交所上市的精锐教育在2019年迎来了他们的第一任集团 CGO。根据此前罗盛咨询的一项调查发现，从岗位经验来看，100% 的首席增长官过去有市场营销经验，43% 的首席增长官过去有创新管理经验，部分过去有数字化/电子商务（29%）、销售（29%）、战略（29%）和财务（14%）方面的经验。CGO 的出现并非是简单的 CMO 的彻底消失，CGO 取消的也绝不是 M——Marketing。恰恰相反，CGO 更像是 CMO 的全面升级和权责扩充！

接下来的第九章，我们将一起梳理市场营销管理八大模块中的第六个模块，也就是"市场营销工作的量化指标与结果追踪"，还有"杀手级"的六套市场营销数据报表。

■ 本章要点

"黑客增长"是市场营销管理八大模块中的第八个模块。"黑客增长"是2017年以来超级热门的话题和工作内容。很多人也称之为"用户增长"或"用户运营"。

黑客增长的【本质】是：一套通过高速度、跨职能的"试验"来驱动"五种增长"的方法。黑客增长在影响和优化市营销管理八大经典模块中的所有工作内容，这是为何我们说"黑客增长"的诞生是为了提升"市场营销"的生产力！

黑客增长远不只是微信群运营，黑客增长也不能取代广告投放。黑客增长可以在市场营销管理的任何环节找到机会点、发起试验来驱动五种类型的增长：更多的潜客（Acquisition）、更多的潜客激活（Activation）、更多的潜客转化成销售额（Revenue）、更多的客户留存（Retention）和更多的客户推荐（Referral）。最后，当五种增长汇聚在一起，我们实现了客户全生命周期价值的最大化！

除了在市场营销部内建立专门的黑客增长团队，企业内部的每个部门和岗位都需要有黑客增长的思维和目标！我个人认为CMO应该作为全公司黑客增长的总牵头人和第一负责人，同时获得CEO的特别支持与超级授权，以调动存在于公司各部门的人、财、物资源。从2017年开始，以可口可乐和宝洁为代表的众多企业将CMO改名或升级为CGO，CGO的出现并非是简单的CMO的彻底消失，CGO取消的也绝不是M——Marketing。恰恰相反，CGO更像是CMO的全面升级和权责扩充！

■ 本章思考

1. 黑客增长的本质是什么？

2. 思考一下你所在的企业内已经做过哪些驱动增长的"试验",还可以做哪些"试验"?
3. 黑客增长具体能带来哪五种类型的增长?
4. 有了黑客增长,还需要投广告吗?
5. 为什么说黑客增长的诞生是为了提升"市场营销"的生产力?
6. 全公司黑客增长的总牵头人和第一负责人应该是谁?

第九章 | 市场营销工作的量化指标与结果追踪

市场营销工作应该设定什么目标、干出什么结果？每月几百万甚至数亿元的市场预算和销售业绩结果数据应该被什么样的数据漏斗和报表体系来管理和报告？营销人都是天生的"表哥"和"表姐"，谁还不会搞些报表？但90%的企业都有两个致命的问题！

市场营销管理八大经典模块

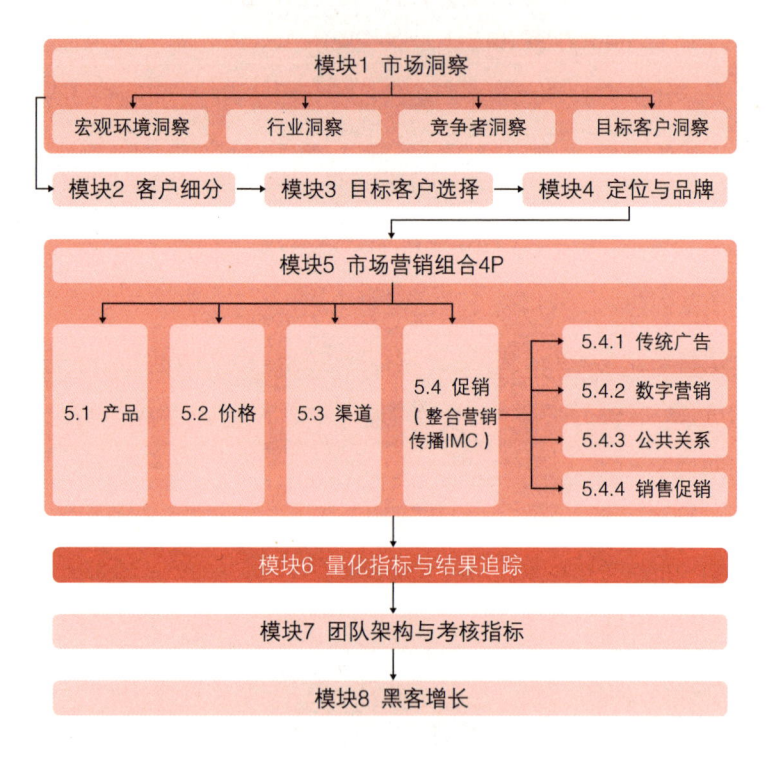

模块1 市场洞察
- 宏观环境洞察
- 行业洞察
- 竞争者洞察
- 目标客户洞察

模块2 客户细分 → **模块3 目标客户选择** → **模块4 定位与品牌**

模块5 市场营销组合4P
- 5.1 产品
- 5.2 价格
- 5.3 渠道
- 5.4 促销（整合营销传播IMC）
  - 5.4.1 传统广告
  - 5.4.2 数字营销
  - 5.4.3 公共关系
  - 5.4.4 销售促进

模块6 量化指标与结果追踪

模块7 团队架构与考核指标

模块8 黑客增长

"市场营销工作的量化指标与结果追踪"是市场营销管理八大经典模块中的第六个模块。在市场营销的经典理论和实战著作中，有部分（内容）会梳理市场营销工作的量化指标是什么，但几乎没有涉及应该通过怎样的数据报表体系来追踪结果。

设定什么样的"量化指标"和用什么样的数据报表体系来"追踪结果"，其实能很大程度上反馈出CMO和下属市场营销团队的格局、执行力，以及对"事""钱"和"人"的把控能力。设定量化指标和用数据报表体系来追踪结果就像市场营销团队创建了"导航系统"：设定目标、追踪过程和结果；随时反馈现在处在哪里，距离目标还有多远，有偏离目标吗，纠偏的机会点在哪里？否则，市场营销团队在每天打仗的时候就会如同盲人一般。

进入后面的内容之前，你可以照例带上几个问题：年初和月初，市场营销负责人应该对CEO在哪几个顶层数字上做出承诺？每月几百万甚至数亿元的市场预算和销售业绩结果数据应该被什么样的数据漏斗和报表体系来管理和报告？营销人谁还不会搞点数据、搞些报表，那些高效的数据报表究竟长什么样？

9.1 市场营销工作"导航系统"：顶层量化指标、市场营销部内关键指标漏斗

市场营销工作的量化指标可以被分为"顶层量化指标"

和"市场营销部内关键指标"两类。前者反映"最终结果"，而后者反映"执行过程"。所以我们也把市场营销工作的量化指标与结果追踪比喻成"市场营销工作的导航系统"。

"顶层量化指标"是CEO对市场营销工作的期望，也是CMO对CEO的承诺。CEO、市场营销负责人和销售负责人通常是一个铁三角的关系，这也是企业中驱动销售和利润增长的核心铁三角。CEO对董事会和股东承诺公司的利润额和增长速度，与之相对应，CMO则负责提升品牌认知度和美誉度、带来足够数量的潜在客户，而销售负责人则把潜在客户转化成销售额。CEO最关心的扛在CMO肩膀上的市场营销顶层量化指标有三个：一是市场营销工作花多少钱，二是带来什么效果，三是投入产出比怎样。所谓的"效果"就是带来了多少个潜在客户，以及转化出了多少销售额。

为了"精密"把控执行过程，并能达成顶层量化指标的结果预期，市场营销团队内部会拆解出非常详细的"市场营销部内关键指标"，这些更加细化的过程指标被用来评估和优化各职能工作在每一步的过程和结果。如果做好了这些过程指标对应的每一件事情，三个顶层量化指标自然也就能达成了。因为这些过程指标放在一起的时候有逻辑先后关系，并且数据量形态类似于漏斗（或漏斗形喇叭），所以我们也经常将它们称呼为"市场营销部内关键指标漏斗"。

那么基于顶层量化指标，市场营销部内关键指标漏斗具体包含什么呢？市场营销工作的本质其实是两大块：品牌和流量。首先，关于"流量"工作，最近10年，随着技术的发展，当市场营销团队开打的时候，客户的全生命周期行为都可以并且被要求追踪和量化，比如广告的曝光数、点击数、App/官网/落地页上的浏览人数、到达率、跳出率、停留时长、潜客数（留名单数）、留名单率；然后还有客户什么时候初次购买、有没有复购、推荐了谁，以及客户在各环节上的转化率、成本和投入产出比（ROI）等。上述这些"流量"相关的过程与结果数据都会被市场营销团队用"漏斗"展示出来。其次，关于"品牌"工作，很多企业会把品牌认知度、品牌美誉度、百度搜索指数、品牌占有率和客户满意度作为反映"品牌"相关工作的量化目标。

上述提及的这些量化指标请参见图9-1。该图中包含了大部分企业的主要市场营销相关数量化指标。在此基础上，各企业可能也会额外增加一些"有自己特色"的指标作为补充。

需要特别说明的是，上述量化指标是用来追踪与衡量"市场营销工作"的过程和结果。而针对"市场营销团队和个人"的考核指标会在下一章"市场营销团队组织架构与考核指标"中详细说明。

顶层量化指标

1. 市场营销工作花多少钱
2. 带来什么效果
3. 投入产出比如何

流量型量化指标漏斗

绝对值指标	效率指标	指标分类	对应顶层量化指标
市场花费金额		市场花费	花多少钱
广告曝光数		获新潜客	
广告点击数		获新潜客	
	曝光成本	获新潜客	花多少钱
	点击成本	获新潜客	花多少钱
	点击率	获新潜客	
App/官网/落地页浏览页数		获新潜客	
App/官网/落地页浏览人数		获新潜客	
	到达率	获新潜客	
	跳出率	获新潜客	
App/官网/落地页停留时长		获新潜客	
潜客数（留名单数）		获新潜客	
	留名单率	获新潜客	
	潜客成本	获新潜客	花多少钱
到店人数/试听人数/试用人数		潜客激活	
首次购买人数		销售变现	带来结果
首次购买订单数		销售变现	带来结果
首次购买金额		销售变现	带来结果
	转化率	销售变现	
	首购投入产出比	销售变现	投入产出比
	获客成本	销售变现	花多少钱
二次及以上购买人数		客户留存	带来结果
二次及以上购买订单数		客户留存	带来结果
二次及以上购买金额		客户留存	带来结果
被推荐拉新加入的客户人数		客户推荐	带来结果
被推荐拉新加入的客户购买订单数		客户推荐	带来结果
被推荐拉新加入的客户购买金额		客户推荐	带来结果
	推荐拉新率	客户推荐	
	推荐拉新销售额占比	客户推荐	

品牌型量化指标清单

- 品牌认知度
- 品牌美誉度
- 百度搜索指数
- 品牌占有率
- 客户满意度

图9-1 "顶层量化指标"与"市场营销部内关键指标"

9.2 "杀手级"的六套市场营销数据报表

知道了应该设定哪些量化指标和理解了应该追踪结果只是第一步，这些数字应该如何被结构化地展现出来呢？我们来为大家介绍"落地干货"，也就是我们前面提及的"杀手级"的六套市场营销数据报表。

为了进行每日、每周、每月和每年的量化目标管理与沟通，我基于过去20多年50亿元的经验积累迭代出了六套实战数据报表；最初我的团队可能有十几甚至几十套表，但经过多年的提炼、精简和整合，最后剩下了六套。听上去好像只是搞出一些表，没什么大不了的，对吗？做市场营销的人，基本功就是当"表哥表姐"，谁手上还没有几套表？！但我可以负责任地说，我所见过的企业90%以上都有以下两个问题。

问题一：报表"体系结构"不完整，半成品报表满天飞。老板对你说，能否帮我看一下这个数字，你说好的，等我打开这个表给你看。紧接着老板追问一下，能否帮我再进一步看下那个数字，你说好的，等我再打开那个表给你看，慢慢地你打开了一堆表去说明一件事情……这个背后的问题是：表的结构和体系没有根据需求场景设定清楚，导致相关的数字散落在各种半成品的表中。

问题二：报表没有简单高效的"沟通命名"。老板说，上次给我看的那个那个什么表，可以再发给我一下吗？然后你回答"你说的是哪个表？"……这背后的问题是：所有的表首先都需要有简单明确且便于沟通的名字，尤其是有很多表同时存在的时候。

在经历了20多年50亿元的钱，还有老板和投资人天天追着自己屁股后面跑之后，我总结出的这六套数据表在"体系结构"和"沟通命名"上达到了可以支撑规模化战斗的水准。当然，你可以依据工作的现实场景做适度的优化迭代。我将详细描述这六套表的用途、内容和使用者，你应该比较容易理解它们并做出自己的这六套表。如果你希望直接拿到这六套表的完整Excel原文件就上手使用，你可以在表格下方扫码下载。

第一套：F表，市场战斗报表（日月），F代表战斗（Fight）；

第二套：P表，年度计划与达成表，P代表计划（Plan）；

第三套：M表，媒体选择与迭代表，M代表媒体选择与迭代（Media choice）；

第四套：D表，分城市和分产品等维度的拆解表，D代表挖掘（Dig）；

第五套：CR表，创意表现与迭代表，CR代表创意（Creative）；

第六套：T表，基础指标追踪表，T代表追踪（Tracking）。

F表和P表的主要报告对象为CMO和CEO。这两套表属于

"高层管理报表"。而后面的 M 表、D 表、CR 表和 T 表的报告和沟通对象则为市场营销部内部的所有人员，后面这四套表是市场营销部的"内部操作表"。我们来逐一说明：

F 表的用途是让 CMO 和 CEO 掌握"实时战况"，了解本月实时的战斗目标和达成情况（见表 9-1）。里面包含市场花费、新进入潜客（Leads）数量、销售单数、销售金额、潜客成本（CPL）、转化率、获客成本、投入产出比（ROI）、平均客单价这 9 个指标。并且针对这 9 个指标，进行月度目标、昨日达成、本月达成这 3 个维度的汇总与比较。并且这 9 个指标都被拆解到市场营销部下属的每个子部门和模块来看，看这些子部门在这 9 个指标上的目标与达成情况。用大白话说，F 表看的是昨天和本月的进展如何。在我过去好多年的实战中，我们的 CEO、市场营销、销售、人力资源、产品研发等职能的负责人建立了一个微信沟通群和电子邮件沟通组，我作为 CMO 每天上班的第一件事就是把 F 表发进去向公司最高层报告和分享昨天当天和本月（截止到昨天）的实时战况。后来，虽然 F 表的数据其实已经出现在了公司的后台数据系统，也就是高管可以登录进后台数据系统查看，但我们还是保持了每天上班第一件事就是把 F 表的截屏发进高管微信群的"土办法"，因为这样更有每日的战斗仪式感和激情。

P 表的用途是让 CMO 和 CEO 掌握"本月战况与年度计划之间的关系"（见表 9-2）；里面包含上述 F 表内的 9 个指标，但此表侧重于将全年12个月的目标和每个月的实际达成做对比。用大白话说，P表看的是本月和今年的进展如何，P表用于月度、季度和年度看。

M表的用途是让CMO和媒体投放负责人实时掌握媒体选择和迭代的过程，里面包含每个媒体在上述9个指标上的表现，此外还增加了一些必要指标如曝光数、点击数、点击通过率、跳出率和留名单率等（见表9-3）。用大白话说，M表看的是媒体选得对不对并且追踪我们如何将它们迭代的，M表最好"随时看"！

D表的用途是让CMO和各市场营销子部门掌握我们在各细分市场的战况（见表9-4），里面包含每个细分市场，比如不同城市、不同产品线等在上述9个指标上的表现，D表也最好随时看，或至少每天看。

CR表的用途是让CMO和各市场营销子部门掌握各创意素材的使用和迭代战况（见表9-5），里面包含所有使用过的创意素材，比如数字广告平面（Banner）、视频和落地页在上述9个指标上的表现，再增加一些必要指标如曝光数、点击数、点击通过率、跳出率和留名单率等。用大白话说，CR表看的我们投放的那些创意表现如何，并且追踪我们如何将它们迭代的，CR表最好随时看。

T表的用途是掌握市场营销和销售相关的最基础、最底层指标的"实时战况"（见表9-6），比如销售团队到岗人数、日人均通话时长、日人均电话拨打次数、电话接通率、电话掉线率、客户投诉响应时间、客户退款完成时间等。用大白话说，T表看的是各部门的同事们以及我们的软硬件系统和流程都在正常运转吗？有没有异常？当它们不能正常运转的时候，其他的那些更高层的数据表上的数据自然都会联动发生异常，T表可以随时看。但，最好是设定一些预警阈值，当数据突破预警阈值的时候需要自动"报警"。

所有这些报表的目的都是帮助团队明确目标、找到差距，找到解决方案并促进团队协同以使命必达！超级CEO通常也会参与到市场营销部的管理报表，甚至市场营销部的内部操作表的优化中来。TutorABC的CEO杨正大博士、溢米辅导的CEO也是精锐教育的联合创始人李晓峰老师，是我遇到过的在数据驱动决策、对数据管理体系的持续迭代最有热情、最专业并且最愿意卷袖子花时间的两位超级CEO。当然，企业CEO和投资人的眼光经常能让这些报表更加实用有深度，并且还有高度。

【小澄清】

上述六套表的每套表里面会根据需求设定若干个子表，所以他们被称为"六套表"而不是"六张表"！

说到这儿，你可能心里会打鼓或者有疑问。营销人真的

表9-1 市场战斗报表（F表）

	**月目标	昨日	**月MTD	完成进度	目标占比	实际占比
20** 年 ** 月市场中心战斗日报						
制表人：***，更新于：**月**日**时**分						
当前时间进度：**%						
平均客单价						
1. 市场花费						
1.1 市场花费 总计 -Branding*						
1.2 市场花费 总计 -DRA *						
1.2.1 非推荐来源						
1.2.1.1 SEM						
1.2.1.2 SEO						
1.2.1.3 DISPLAY						
1.2.1.4 微信 KOL						
1.2.1.5 渠道—代理商						
1.2.1.6 地推						
1.2.1.7 用户增长						
1.2.1.7.1 运营裂变						
1.2.1.7.2 官微公众号						
1.2.2 客户推荐						
1.2.3 其他						

	**月目标	昨日	**月MTD	完成进度	目标占比	实际占比
2. Leads 数						
……						

	**月目标	昨日	**月MTD	完成进度	目标占比	实际占比
3. 销售单数						
……						

	**月目标	昨日	**月MTD	完成进度	目标占比	实际占比
4. 销售金额						
……						

	**月目标	昨日	**月MTD	完成进度
5. CPL				
……				

	**月目标	昨日	**月MTD	完成进度
6. 转化率				
……				

	**月目标	昨日	**月MTD	完成进度
7. 获客成本				
……				

	**月目标	昨日	**月MTD	完成进度
8. ROI				
……				

*注：
- DRA（Directly Responsive Advertisement）最初指可与客户直接互动，并且能直接带来流量的广告。Branding 最初指不能与客户直接互动，并且不能直接带来流量的广告。在实战中，DRA 演变成了可与客户直接互动，并且能直接带来流量的行为和花费类型；Branding 演变成了不能

表9-2 年度计划与达成表（P表）

目标	2020年1月	……	2020年12月	2020 Q1	2020 Q2	2020 Q3	2020 Q4	2020 YTD	2018	2019	2020 YTD
1. 市场花费（元）											
2. Leads数/销售线索数（个）											
3. 销售金额（元）											
4. 销售单数（个）											
5. 转化率（%）											
6. ROI											
7. 获客成本（元）											
8. CPL/每个销售线索的成本（元）											
9. 平均客单价（元）											

实际	2020年1月	……	2020年12月	2020 Q1	2020 Q2	2020 Q3	2020 Q4	2020 YTD	2018	2019	2020 YTD
1. 市场花费（元）											
2. Leads数/销售线索数（个）											
3. 销售金额（元）											
4. 销售单数（个）											
5. 转化率（%）											
6. ROI											
7. 获客成本（元）											
8. CPL/每个销售线索的成本（元）											
9. 平均客单价（元）											

达成率（%）	2020年1月	……	2020年12月	2020 Q1	2020 Q2	2020 Q3	2020 Q4	2020 YTD	2018	2019	2020 YTD
1. 市场花费（元）											
2. Leads数/销售线索数（个）											
3. 销售金额（元）											
4. 销售单数（个）											
5. 转化率（%）											
6. ROI											
7. 获客成本（元）											
8. CPL/每个销售线索的成本（元）											
9. 平均客单价（元）											

（接上页）与客户直接互动，并且不能直接带来流量的行为和花费类型。

· 整合营销传播的四大类传播工具（行为和花费投入）中，"传统广告"和"公共关系"通常会被归入Branding，而"数字营销"和"销售促销"通常被归入DRA。最关键的受益是：在计算CPL（潜客成本）时，花费金额数值应该用DRA花费，而不是DRA花费与Branding花费的总和。否则，CPL会大幅虚高，并因为传统广告的脉冲式投入而逐月巨幅波动，极大影响对数字营销效率的判断。这样的分类正在被互联网+的企业广泛接受和应用。您可扫码下载报表见详解。

表9-3 媒体选择与迭代表（M表）

媒体类别	媒体名称	据 ROI 计算的投放优先级排名				据 CPL 计算的投放优先排名				ROI				……	
		今日	本周	本月	累计	今日	本周	本月	累计	今日	本周	本月	累计	今日	z
SEM	百度														
SEM	360														
SEM	神马														
SEM	搜狗														
DISPLAY	今日头条—信息流														
DISPLAY	今日头条—短视频														
DISPLAY	微信朋友圈														
DISPLAY	广点通														
DISPLAY	百度信息流														
DISPLAY	趣头条														
DISPLAY	腾讯新闻														
DISPLAY	喜马拉雅														
DISPLAY	……														

	曝光数				点击数				CTR 点击通过率				留名单率			
累计	今日	本周	本月	累计	今日	本周	本月	累计	今日	本周	本月	累计	今日	本周	本月	累计

扫码可下载六套报表的
完整 Excel 原文件

表9-4　分城市和分产品等维度的拆解表（D表）

1. 市场花费（元）

	2020年1月	……	2020年12月	2020 Q1	2020 Q2	2020 Q3	2020 Q4	2020 YTD	2018	2019	2020 YTD
产品线1											
产品线2											
产品线3											
产品线4											
产品线5											
……											
总计											

2.1 Leads数/销售线索数（个）

	2020年1月	……	2020年12月	2020 Q1	2020 Q2	2020 Q3	2020 Q4	2020 TOTAL	2018	2019	2020 YTD
……											
总计											

2.2 Leads数/销售线索数的不同渠道贡献占比（%）

	2020年1月	……	2020年12月	2020 Q1	2020 Q2	2020 Q3	2020 Q4	2020 TOTAL	2018	2019	2020 YTD
……											
总计											

3.1 销售金额（元）

	2020年1月	……	2020年12月	2020 Q1	2020 Q2	2020 Q3	2020 Q4	2020 TOTAL	2018	2019	2020 YTD
……											
总计											

3.2. 销售金额的不同渠道贡献占比（%）

	2020年1月	……	2020年12月	2020 Q1	2020 Q2	2020 Q3	2020 Q4	2020 TOTAL	2018	2019	2020 YTD
……											
总计											

4.1 销售单数（个）

	2020年1月	……	2020年12月	2020 Q1	2020 Q2	2020 Q3	2020 Q4	2020 TOTAL	2018	2019	2020 YTD
……											
总计											

4.2 销售单数的不同渠道贡献占比（%）

	2020年1月	……	2020年12月	2020 Q1	2020 Q2	2020 Q3	2020 Q4	2020 TOTAL	2018	2019	2020 YTD
……											
总计											

5. 转化率（%）

	2020年1月	……	2020年12月	2020 Q1	2020 Q2	2020 Q3	2020 Q4	2020 TOTAL	2018	2019	2020 YTD
……											
总计											

6. ROI

	2020年1月	……	2020年12月	2020 Q1	2020 Q2	2020 Q3	2020 Q4	2020 TOTAL	2018	2019	2020 YTD
……											
总计											

7. 获客成本（元）

	2020年1月	……	2020年12月	2020 Q1	2020 Q2	2020 Q3	2020 Q4	2020 TOTAL	2018	2019	2020 YTD
……											
总计											

8. CPL/每个销售线索的成本（元）

	2020年1月	……	2020年12月	2020 Q1	2020 Q2	2020 Q3	2020 Q4	2020 TOTAL	2018	2019	2020 YTD
……											
总计											

9. 平均客单价（元）

	2020年1月	……	2020年12月	2020 Q1	2020 Q2	2020 Q3	2020 Q4	2020 TOTAL	2018	2019	2020 YTD
……											
总计											

扫码可下载六套报表的完整 Excel 原文件

表9-5 创意表现与迭代表（CR表）

媒体类别	媒体名称	据ROI计算的投放优先级排名				据CPL计算的投放优先排名				ROI				......	
		今日	本周	本月	累计	今日	本周	本月	累计	今日	本周	本月	累计	今日	
平面海报	banner 1														
平面海报	……														
平面海报	……														
落地页	LP 1														
落地页	……														
落地页	……														
短视频	Video 1														
短视频	……														
短视频	……														

表9-6 基础指标追踪表（T表）

T表					
年	月/周/日	计划销售出勤人天数	实际销售出勤人天数	拨号次数	人均拨号次数
2020年	1月汇总				
2020年	……				
2020年	12月汇总				
	12月第1周小计				
	……				
	12月第4周小计				
	12月1日				
	……				
	12月31日				

	曝光数				点击数				CTR 点击通过率				留名单率			
累计	今日	本周	本月	累计	今日	本周	本月	累计	今日	本周	本月	累计	今日	本周	本月	累计

通话时长	人均通话时长	……	待解决投诉人数	其他1	其他2	其他3

扫码可下载六套报表的
完整 Excel 原文件

需要看这么多的数据表吗？答案是：绝对需要！高手团队早就这么干了，而且干得更深入！否则，肩担年度数百万、数千万甚至数亿元人民币的市场营销团队凭什么科学而高效地把控好钱、事、人、目标和结果呢？"数据驱动决策"是根本的支撑点。

另外，非常多的公司，尤其是互联网+领域的公司已经无法忍受只是到日末、周末或月底来看数据了，最好都能实时更新、实时看。所以我们最好尽快把这些报表从手工的Excel表变成公司系统内的自动表。如果研发团队来不及帮忙，除了善用Excel表，市场营销部内需要有会用SQL、Python等工具的高手来快速产出数据。这是很多市场营销部内的数据专家的背景都与研发团队的数据专家越来越接近了的原因。

即使解决了数据的"快速产出"问题，营销人需要"这么及时"地看明白"这么多"的数据并推动日常工作的优化是非常有挑战的。那我们怎么应对这样的挑战呢？<u>首先，熟能生巧</u>！四大会计师事务所的工作人员每时每刻看的数据也是海量的，但在熟练之后，他们可以从那么多的报表中快速地看到那些关键数值和关键变化。对于营销人而言，同理，我们也行！<u>其次，利用工具</u>！让Excel和Python这样的数据工具帮助你设定预警阈值，并且在数据突破阈值的时候"跳出"预警！有条件的企业，甚至可以利用大数据管理平台来自动化完成"人眼和人脑"的看报表、发现问题和预警的工作。

最后，关于数据报表体系，如果你还是觉得复杂和心理压力大，那当你有了上述六套基础表之后，可以先从其中的第一套F表和第二套P表开始用起来，一步一步加码。当采用了上述方法之后，你最起码的收获是：你和同事之间的沟通变成了"让我们来看下F表，然后再看下P表……"而再也不用说"呃，让我们来看下上次那个……那个表……"了。

9.3　90%的企业都会算错的转化率和ROI

上述六套实战数据报表解决的是"什么时候、看什么数据"，但如果源头数据是对的，而计算方式错误导致数据表中的关键指标错误呢？

我们观察发现可能90%的企业，包括曾经的我们自己在转化率和投入产出比（ROI）的计算方式上发生了错误。如果我们在六套实战数据报表中看到"转化率"和"投入产出比"的数据大幅波动甚至大幅下降，一方面可能是市场营销团队的实操能力带来的真实结果；而另一方面，非常可能仅仅是计算方法错误而导致的。

需要特别强调，这是非常典型的错误，并且这样的错误会带来非常严重的后果！除了让市场营销团队"蒙冤"、对日常工作带来困扰，更致命的是会让CMO、CEO甚至投资人做出错误的判断和决策。如果你身处一家在天使轮、A轮或B轮融资阶段的创业公司,也就是在你们开始有一些资金和市场投入的时候,如果数据显示快速成长的同时转化率和ROI持续下降,那么团队的执行能力和商业模式会被质疑,下一轮投资非常可能会打水漂;而如果你身处大企业,大幅波动或持续下降的转化率和ROI会让市场营销团队在如何优化方面找错方向,多做无用功!

所以,我们需要在介绍完六套实战数据报表之后特别说明转化率和ROI的错误计算根源和解决方案。

"时间错位"导致计算错误

先来看一下这两个指标的含义。投入产出比(ROI)有很多种,但最重要最顶层的是"每元钱的市场花费带来了多少金额的销售额",也即:投入产出比(ROI)=销售金额/市场花费金额;同理,转化率的定义也有很多种,但最重要最顶层的转化率通常说的是"潜客人数中有多少比例转化成了购买人数",也即:转化率=购买人数/潜客数。

上述两个指标都是由分子和分母两组数字相除而成,上下两组数字的"发生时间错位"是错误计算问题的根源。因为转化率和投入产出比(ROI)所遇到的错误原因和解决方案是一样的,所以我们就先以转化率为例来详细说明。

计算转化率的时间周期通常是天、周、月和年,也就是

"天"是最小的时间颗粒度,只要一个客户在同一天内成为"潜客"和"购买客户",那么就是没有时间错位的,对转化率的计算不会有负面影响。对于"即刻决策购买型"的产品而言,客户成为潜客(点击广告)和成为购买客户的时间通常在同一天内,没有时间错位,所以这种情况下计算的转化率是没有问题的。很多客单价低的快速消费品就属于这种类型:比如客户在逛淘宝店的时候在屏幕右侧或下方看到一个潮牌女鞋的促销广告,然后客户点击了该广告(成为潜客),进入店铺和商品页后就直接付款下单了(成为购买客户)。这种场景下计算的潜客数和购买客户数几乎在同一时间发生,是没有时间错位的,所以转化率的计算通常也没有问题。

但,很多客单价偏高、客户决策时间较长的商品则会遇到问题,比如教育行业的客户从接触广告到成交之间可能需要一周到两周时间,汽车或房产类的客户从接触广告到成交之间可能需要三个月到六个月,甚至更长。也就是,你"今天"成为潜客,要到"明天"才会成为购买客户。这种类型的产品会导致转化率因为时间错位而产生计算错误。当然,本属于"即刻决策购买型产品"也会出现"今天"看广告成为潜客,"明天"成交的情况,比如你今天在天猫店首页点击了优衣库的内衣广告进入店面和商品页,然后把商品放进购物车,但在一周后的"618活动"才完成购买。

表9-7 月度转化率试算表

月度转化率试算表		1月	2月	3月	4月	5月
潜客数						
	当月新进潜在客户数	200	200	220	440	1320
	增长率（较前月）	0%	0%	10%	100%	200%
购买客户数						
	当月新进购买客户数	100	4	4.2	6.6	17.6
	本月购买客户中有多少个来自前月		2	2	2.2	4.4
	本月购买客户中有多少个来自本月		2	2.2	4.4	13.2
	增长率（较前月）			105%	157%	267%
转化率						
	假设值		2.00%	2.00%	2.00%	2.00%
	转化率（方法A）：简单累计		2.00%	1.91%	1.50%	1.33%
	转化率（方法B）：追踪累计		2.00%	2.00%	2.00%	2.00%

备注：
假设1：客户的决策周期为两周，也即当月新进购买客户数中50%来自当月新进潜客，另50%来自前月潜客；
假设2：潜客质量和销售团队能力不变，也就是转化率不变，我们取2%这个假设值。

用"追踪"原则来还原"真实"

无论是什么商品，只要存在"时间错位"，就会导致传统的转化率计算方法产生错误的结果，所以我们需要找到一个更加科学的计算方法。为了展示传统计算方法的错误过程和错误结果，也为了展示新的计算方法的正确过程和正确结果，我们为大家做了试算对比，见表9-7"月度转化率试算表"。

为了便于试算并排除其他因素的干扰，我们做两个必要的假设。假设1：客户的决策周期为两周，也即当月新进购买客户数中50%来自当月新进潜客，另50%来自前月潜客；假设2：潜客质量和销售团队的能力不变，也就是潜客质量和转化

6月	7月	8月	9月	10月	11月	12月
7920	87120	1829520	75010320	6075835920	6683419512	6683419512
500%	1000%	2000%	4000%	8000%	10%	0%
92.4	950.4	19166.4	768398.4	61508462.4	127592554.3	133668390.2
13.2	79.2	871.2	18295.2	750103.2	60758359.2	66834195.12
79.2	871.2	18295.2	750103.2	60758359.2	66834195.12	66834195.12
525%	1029%	2017%	4009%	8005%	207%	105%
2.00%	2.00%	2.00%	2.00%	2.00%	2.00%	2.00%
1.17%	1.09%	1.05%	1.02%	1.01%	1.91%	2.00%
2.00%	2.00%	2.00%	2.00%	2.00%	2.00%	

能力导致转化率不变，并且我们取转化率为2%这个假设值。

在计算月度转化率的时候，90%以上的企业都用了传统的计算方法，也就是：转化率（方法A简单累计）=当月新进购买客户数/当月新进潜客数。这种计算方式的<u>逻辑缺陷</u>是：当月新进购买客户（数）中很多是来自前月，而当月新进的潜客（数）中有很多会在次月才购买。当前后两个月的潜客数有剧烈变动的时候，比如企业在快速增长的时候，就会造成这样计算出来的转化率畸形。表中，错误的计算结果出现了：在潜客数快速增长的4月到10月之间，转化率从2%降到了1.01%，也就是很恐怖地看到转化率下降了一半！而事实上企业的"真实"实力没变、真实转化率维持在2%没变（如假设）。

为了反映转化率的真相，我们发明了以"追踪"为原则的新计算方法，也就是：转化率（方法B追踪累计）=（当月新进潜客中在本月购买的人数+当月新进潜客中在下月购买的人数）/当月新进潜客数。其背后的逻辑优化是："追踪"当月新进的潜客数中在"本月"和"后续月"的所有购买人数。

我们以5月为例，转化率（方法A简单累计）=17.6/1320=1.33%；转化率（方法B追踪累计）=（13.2+13.2）/1320=2%。显然，转化率（方法B追踪累计）的计算结果是正确的，与最初的假设值2%一致。这里的理解难点和关键点是：方法B中第一个13.2指5月新进1320个潜客数中有13.2个人在5月购买的人数；第二个13.2指5月新进1320个潜客数中有13.2个人在6月购买的人数，我们需要将这两项"追踪累计"；由此我们可以类推其他每个月的计算。

在上述试算案例中，因为我们假设1"客户的决策周期为两周，也即当月新进购买客户数中50%来自当月新进潜客，另50%来自前月新进潜客"，所以我们在计算5月转换率的时候，追踪了"这些于5月新进的潜客"在5月（当月）和6月（次月）中购买人数的累计总和（很重要！）。

从理论上而言，"方法B追踪累计"的方法要求我们"追踪"当月新进潜客中在"本月"有多少个成为购买客户，并且追踪在"次月""次次月""次次次月"……有多少个成为购买客户。也就是，以"追踪"和"追踪到底"为原则，给本月新进潜客足够的"发酵"时间，并且跨月追踪直到"地老天荒"，看他们这些潜客当中有多少人成为购买客户，这个才是真实、无损的转化率。

但是，追踪次月、次次月、次次次月等需要太长的"发酵"时间和等待计算的时间，所以一些企业在日常统计中只追踪到"次月"或"次次月"。在此我们建议每个企业在经过一段时间的摸索后，找到适合自己产品的追踪月数或追踪天数。

【小澄清】

在上述试算表中，12月的转化率（方法B追踪累计）数值是空的（算不出来），因为按照此表设定的故事脉络，我们还在12月，所以只能看到12月新进潜客中在本月（12月）有多少购买人数，而看不到12月新进潜客中在次月（次年1月）有多少购买人数，所以因为"发酵"时间不足导致还算不出来12月的转化率（方案B追踪累计）。这里体现的是转化率（方法B追踪累计）的缺陷：虽然数值精准，但数据产出的时间滞后。

这两种转化率各有优缺点，我们应该如何合理利用两者？转化率（方法A简单累计）可随时计算可随时看，但精准度不够，会让转化率数值失真；转化率（方法B追踪累计）精准度高，但因为需要留给客户"发酵"时间，需要跨月追踪而导致"数据产出时间滞后"。我们摸索出的使用方法是：在日报中，每天看转化率（方法A简单累计）以看到大致的转化率数值，来推动日常工作；而在月报和年报中，看转化率（方法B追踪累计）以看到真实的转化率数值。因为月报和年报通常是CEO、投资人和董事会需要看的，需要转化率数值不失真。

【干货】

如果你认同"追踪原则下的转化率"的理论和应用，你可能会发现有少数数字营销领域的"聪明人"已经有更高级的应用：为了回避"转化率（简单累计）"的数据不精准、回避"转化率（追踪累计）"的数据产出时间滞后，同时希望能有"精准而快速"的数据来帮助尽快调整广告投放工作，他们已经额外在看"转化率（追踪累计1天）""转化率（追踪累计3天）""转化率（追踪累计7天）"的数据。也就是，他们也观察与追踪潜客在1天、3天和7天内转化成为购买客户的情况，这样能快速反应、快速调整广告投放工作，因为广告投放的优化调整需要精准、及时和快速，否则就是浪费和"犯罪"！

最后需要鼓励一下大家：只要我们认同用"转化率（方法B追踪累计）"，后续的操作实现工作其实比较简单，却意义重大！因为每个时间段（比如月）的潜客人数、购买人数已经在那里了，所以只需要市场营销部的数据分析师用Excel、SQL或者Python这样的数据统计工具自动跑数据、自动出结果就行了，如果有条件的企业，可以让产品研发团队按照相应计算规则把转化率表做进后台系统就非常方便随时看了。

同理，"时间错位"和"简单累计"也导致了"投入产出比"（ROI）的计算错误。其错误的原因和结果与"转化率"遇到的底层逻辑是一样的，解决方案也是用"追踪累计"，所以我们就不再赘述了。

本章梳理的是"市场营销工作"的量化指标与结果追踪，下一章我们来梳理"市场营销团队与个人"应该扛什么考核指标，怎么被考核！

■ 本章要点

"市场营销工作的量化指标与结果追踪"是市场营销管理八大经典模块中的第六个模块。市场营销工作的量化指标可以被分为"顶层量化指标"和"市场营销部内关键指标"两类。前者反映"最终结果"，而后者反映"执行过程"。所以我们也把市场营销工作的量化指标与结果追踪比喻成"市场营销工作的导航系统"。

顶层量化指标有三个：一是市场营销工作花多少钱，二是带来什么效果，三是投入产出比怎样。基于顶层量化指标，市场营销部内关键指标漏斗具体包含什么呢？市场营销工作的本质其实是两大块：品牌和流量。首先，关于"流量"工作，客户的全生命周期行为都可以并且被要求追踪和量化，比如广告的曝光数、点击数、App/官网/落地页上的浏览人数、到达率、跳出率、停留时长、潜客数（留名单数）、留名单率；然后还有客户什么时候初次购买、有没有复购、推荐了谁，以及客户在各环节上的转化率、成本和投入产出比（ROI）等。上述这些"流量"相关的过程与结果数据都会被市场营销团队用"漏斗"展示出来。其次，关于"品牌"工作，很多企业会把品牌认知度、品牌美誉度、百度搜索指数、品牌占有率和客户满意度作为反映"品牌"相关工作的量化目标。

　　90%以上企业在市场营销数据表的"结构体系"和"沟通命名"上有明显缺陷。我们在规模化实战基础上提炼出的六套数据表，其中的前两套表是对CMO和CEO汇报的"高层管理报表"，而后四套是市场营销部内人员用的"内部操作表"。

■ 本章思考

1. 90%以上的企业在市场营销数据报表体系上都会出现的两个经典问题是什么？
2. 你能否画出你所在公司的市场营销团队的关键数据漏斗？
3. 为什么说是六套表，而不是六张表？
4. 为什么每套表有简单高效的"沟通命名"那么重要？
5. 六套表中，有哪套表是高层管理报表，也就是给CEO月度、年度看的表？

6. 为何90%以上的企业都会算错转化率和ROI？主要问题和解决方案是什么？

第十章 市场营销团队架构与考核指标

很神奇！几乎所有的经典市场营销理论和实战著作中都只说了市场营销应该怎么做，而都没有具体说明市场营销的团队架构与考核指标。一个完整而有战斗力的市场营销团队到底应该由哪些子部门组成，互相之间应该怎么配合？怎么考核他们？为何现在的市场营销团队动不动就是几十人，甚至过百人？另外，还有多年困扰营销人的问题是市场营销团队应该扛销售指标吗？为什么市场营销团队经常和销售团队"打架"？为何每次公司考虑砍人砍钱的时候，会更容易想到从市场营销团队动手？

市场营销管理八大经典模块

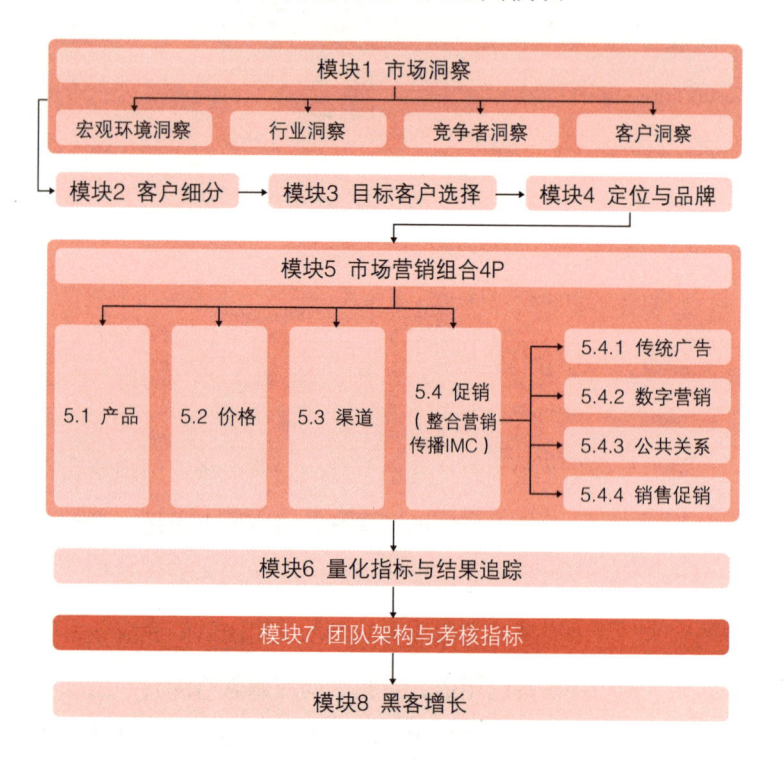

模块1 市场洞察

- 宏观环境洞察
- 行业洞察
- 竞争者洞察
- 客户洞察

模块2 客户细分 → 模块3 目标客户选择 → 模块4 定位与品牌

模块5 市场营销组合4P

- 5.1 产品
- 5.2 价格
- 5.3 渠道
- 5.4 促销（整合营销传播IMC）
  - 5.4.1 传统广告
  - 5.4.2 数字营销
  - 5.4.3 公共关系
  - 5.4.4 销售促销

模块6 量化指标与结果追踪

模块7 团队架构与考核指标

模块8 黑客增长

"市场营销团队架构与考核指标"是市场营销管理八大经典模块中的第七个模块。非常神奇！几乎所有的经典市场营销理论和实战著作中都非常详细地说了市场营销的"事情应该怎么做"，而并都没有具体说"人应该怎么安排"。但如果没有对的团队，市场营销工作很难做对，目标也无法达成！在"人"方面，我们要解决的核心问题是：

1. 市场营销团队组织架构如何设置？有哪些子团队？
2. 具体需要什么样的岗位和人数规模，如何顺应时代变化？
3. 考核指标是什么？

进入后面的内容之前，你可以照例带上几个问题：一个完整而有战斗力的市场营销团队到底应该由哪些子部门组成，互相之间应该怎么配合？怎么考核他们？为何现在的市场营销团队动不动就是几十人，甚至过百人？另外，还有多年困扰营销人的问题是市场营销团队应该扛销售指标吗？为什么市场营销团队经常和销售团队"打架"？为何每次公司考虑砍人砍钱的时候，会更容易想到从市场营销团队动手？

10.1　团队架构：10多个子团队，各种"工匠"聚集

多个子团队分工：为了品牌和流量

我的第一份工作开始于咨询公司，当时我就在揣摩品牌方公司的市场营销部都有哪些部门和岗位；后来我加入世界500强企业的市场营销部成为其中一员，我在观察与我配合的都有哪些岗位和职能，并且什么样的人能最后成长为CMO；再后来我自己做了外企、小创业公司和独角兽创业公司的市场营销第一负责人，我所领导的市场营销团队规模从10人到数百人不等……我一直在思考怎么搭建我的市场营销团队，每天都在埋头打仗狠逼业绩，并且还需要抬头紧跟时代。面对新的打法，每当要新增岗位类型、扩充团队规模，我就需要与CEO和人力资源部负责人辩论来找到最佳答案。

关于人和团队架构的答案，涉及团队的战斗力、涉及我们要顺应时代的创新和变化，当然也涉及人力成本和投入产出比。这里的答案其实很不简单！

首先，市场营销部下通常有什么样的平行子部门和工作职能？"市场营销管理八大经典模块"其实已经框定了市场营销团队的工作内容，这些工作内容则决定了市场营销团队的组织架构和对相关岗位的需求。

市场营销团队内至少包含以下10多个可平行汇报给市场

营销负责人的子团队或者工作职能：（1）市场洞察；（2）品牌；（3）公关关系；（4）数字营销；（5）传统广告；（6）大数据（含客户关系管理CRM）；（7）创意设计；（8）黑客增长；快消零售企业也有（9）零售（Retail）；当然，非常多的企业还有（10）战略合作（异业合作）和（11）地推，并且从传统的公共关系团队内独立出了（12）社交媒体。比较普遍的市场营销团队组织架构请参见图10-1。

公共关系、数字营销、传统广告、社交媒体、战略合作和地推这六个都是为"整合营销传播"服务的，即市场营销组合的第4个P（前文第六章和第七章涉及的第五模块和第五模块下属的第4个P）；市场洞察和大数据这两个是为市场洞察服务的（前文第二章涉及的第一模块）；零售是为市场营销组合的"渠道"服务的，即市场营销组合的第3个P；品牌和创意设计这两个是为"定位与品牌"服务的（前文第四章和第五章涉及的第四模块）。最后，黑客增长团队是为前文的第八章涉及的第八模块"黑客增长"服务的。

当每个子团队的人数不多时，可以称之为组，比如数字营销组、品牌组；但如果人数够多，比如超过10人时，则可称之为部，比如数字营销部、品牌部。当市场营销团队下属的职能大到被称之为部的时候，市场营销部的名称也通常被升级为市场营销中心了。

每个子团队的"名称"其实就基本对应了该子团队的"工

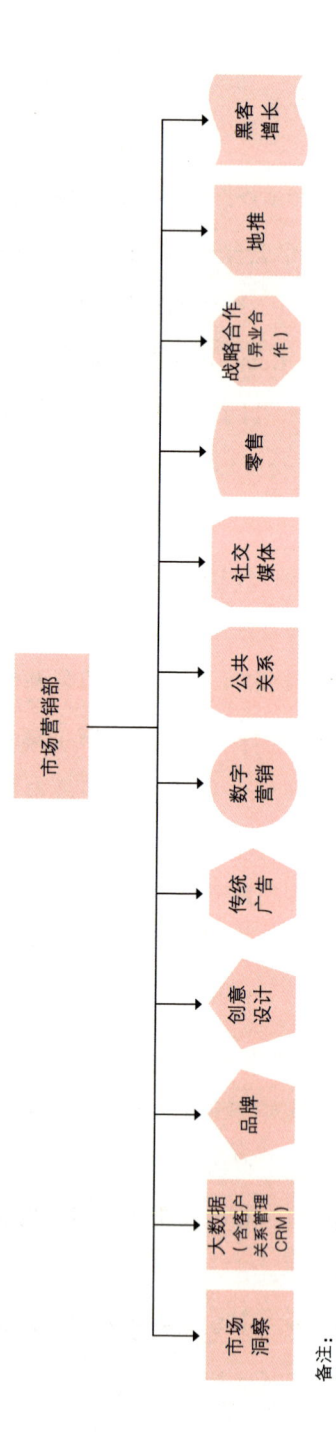

图 10-1 普遍的市场营销团队组织架构

备注：
因为职能相近或关联度高，"形状一样"的子团队可以考虑被整合为一个团队。

作职能是什么"、在市场营销部内扮演什么角色及需要的岗位。比如"公共关系部"在市场营销中心内的工作职能是通过"公共关系"提升品牌的信任度和美誉度，它需要"公共关系经理"这样的岗位，岗位的职级可以设定成总监、高级经理、经理或专员。具体需要什么职级依据该职员的资深程度、团队的规模等因素而定。在体量较大的公司，为了专业分工，公共关系团队（这个市场营销中心下属子团队）的下面还会有"公关软文""公关活动"和"政府关系"这三种细分岗位。

"数字营销部"在市场营销中心内的工作职能是通过"数字营销"拉动流量，它需要"数字营销经理"这样的岗位，岗位的职级可以设定成总监、高级经理、经理或专员。具体需要什么职级依据该职员的资深程度、团队的规模等因素而定。在体量较大的公司，为了专业分工，数字营销团队（这个市场营销中心下属子团队）的下面还会有"搜索引擎广告""信息流广告"和"搜索引擎优化"等这几种细分岗位。其他市场营销部子团队的逻辑与此相似，我们就不一一赘述了。

虽然说，这10多个子团队都可以直接汇报给CMO，但每个企业可以根据自己的情况将他们中的部分加以整合。比如，我曾经把"品牌组"和"创意设计组"组合并在一起，称之为品牌部，因为品牌总监非常理解品牌，所以他对文字和视觉的把控能力会让整个创意设计团队的品质感插上翅膀！我也曾经将"市场洞察"和"大数据（含客户关系管理CRM）"团队合并在一起成立数据部,因为他们合并在一起利用大数据的手段让我们对市场洞察更有力量、更接地气。当然,最近发生的最"凶猛"的整合【案例】是,好几家年度销售额超过数十亿元人民币的大公司将市场营销中心的10多个职能团队直接合并进三个超级职能团队:品牌、流量和黑客增长。且每个超级职能团队都让资历和能力介于高级总监和副总裁级别之间的人才来领导,他们平行汇报给CMO。这样的架构看上去非常聚焦,并且折射出非常明确的目的:要品牌、要流量、要黑客增长来帮助提升品牌和流量工作的效率。

几年以前,我曾经看到过特别反面的案例:有一个企业的市场营销部把所有职能都称呼为项目,把市场营销团队内的所有成员都称呼为项目专员或项目经理。其背后的原因应该是没有厘清这些职能的分工和协同关系,当然这个企业的市场营销负责人确实没有市场营销专业背景,所以他也不理解市场营销工作的那些基础职能和它们之间的配合关系。随着市场上专业人才普及度的增加,这种特别的案例现在可能比较少见了。

最后我们小结一下:无论怎么设置那些子团队,它们都是为了通过"专业协同"做出更好的"品牌"和"流量"——市场营销工作的两个核心职能!

各种"工匠"聚集：为了更专业的分工

【干货】

市场营销团队其实是一个"工匠"集合的部门，好比如果要装修一个房子，需要装修设计师、水电工、木工、监理、项目经理（包工头）等，随着时代的进步，这些工种还在不断增加。比如，之前没有"监理"，而现在还有了"软装设计师"这样的岗位。如果是在企业的起步阶段或者资源极度有限的阶段，所有的工种当然都可以由一个人来干。但术业有专攻，为了让产出的专业性更高、投入产出比更高、杀伤力更强，所以在企业有一定规模的时候，我们需要更专业的分工、需要逐渐引入有不同技能专长的工匠，让他们分工协作。

市场营销团队的工种之多样性和复杂度可能是企业内所有部门中最高之一，其多样性和复杂性可能与产品研发部在一个量级。所以我们也经常让人力资源团队和CEO搞不太清楚为何有这么多不同的工种。每当CMO向人力资源负责人和CEO争取更多人力，或者辩论要不要砍人并且必须砍谁的时候，CMO都非常痛苦于将他们的工种差别和必要性用傻瓜式的方法解释清楚，且经常会被问及类似于可不可以将"水电工"和"木工"合并由一个人来干的问题。当然经过摸索，我找到的终极解决方案都是：有或者没有这个岗位和职能，销售额会不会更好？市场投入产出比会不会更好？否则，就只能是比较谁的嗓门更大，谁更会哭更会闹了。

最后，我们需要强调市场营销团队下属10多个子团队其实对应的是市场营销工作需要的10多种岗位和技能（也就是10多种工匠），如果在公司规模较大的时候，我们可以有10多个子团队，以实现专业分工，每个团队专注一种岗位和技能；但在公司规模较小的时候，有些岗位和技能是不需要的，比如在没钱投"传统广告"和"数字营销"的阶段，自然也就不需要设立这两种岗位和这两个子团队；在公司比较小的时候，虽然也需要做"公共关系"的工作，但可暂时不需要设立这个岗位，而是由CEO或CMO自己把"公共关系"岗位应该做的事情给做了。公司起步的阶段，极其小的市场营销团队甚至可以是1~3个人，他们跨岗位跨工种干活，就好比在五星级酒店的中餐厨房，有采购、切菜配菜工、白案师傅、红案师傅和洗碗工等，但在起步阶段的小餐馆不就是夫妻二人干完了所有工种的工作吗？

10.2　子团队和人数的变迁

子团队持续增多：为了更多"流量"？

市场洞察、品牌、公关关系、传统广告、创意设计和零售这些都是比较经典而传统的市场营销部（或市场营销中心）下属的子团队。而战略合作、数字营销、大数据、社交媒体和黑客增长都是最近15年才加入的"新兴"子团队。这些变迁是怎么发生的呢？

【案例】

我以亲身经历为案例，帮助大家"一叶知秋"！2006年我们在市场营销部内新增了一个"战略合作团队"，很多公司也称之为"异业合作团队"，因为携程银行联名卡为代表的异业合作为流量导入打开了新思路。2008年我们在思考是否增加一个岗位叫数字营销总监，因为我们需要大规模投放搜索引擎广告了，答案当然是YES（要增加）；2010年我们新增了一个团队叫"社交媒体部"，同时在思考社交媒体算是EPR（网络公共关系）吗，社交媒体的负责人要不要汇报给过去一直存在的公关总监？还是自立门户直接汇报给我（CMO）？结果是社交媒体虽然与EPR关联，但社交媒体太重要了甚至工作量远超过传统公关，所以这个部门自立门户直接汇报给我，也就是CMO；

2017年在数字营销团队和社交媒体团队之外新增了一个专门的"微信KOL采购团队"，因为他们已经具备了与常规数字营销团队相抗衡的大规模采购量级，并且KOL渠道的获取流量和销量的能力已经不是过往理解的社交媒体那种难有作为了；2018年我们在市场营销部内新增加了一个庞大的部门叫

"黑客增长部",这个部门直接汇报给我,并且获得CEO的特别支持与超级授权,以调动存在于公司各部门的人财物资源;但在此之前我曾与CXO们激烈辩论这个黑客增长负责人应该汇报给CMO、CTO还是直接汇报给CEO。在过去若干年,很多企业其实都经历了类似的挑战、思考和变迁。

从现象上来说,外部环境的变化,尤其是整合营销传播领域的创新是导致上述团队变化的最主要驱动力:比如1999年的腾讯QQ、2000年的搜索引擎谷歌、2009年的新浪微博、2011年的微信、2013年的OTV、2014年的大数据、2015年的移动搜索、2016年的抖音、2017年的黑客增长、2019年的直播带货等,所有的创新都影响了我们在市场营销方面的日常工作,最后也都落地推动了市场营销团队设置方面的改变。正因为如此,我们过去每隔一段时间就不得不在市场营销中心内新增岗位类型、调整团队架构和调校他们之间的配合模式。

那再深挖一步!导致市场营销团队变化的底层逻辑是什么?未来市场营销团队会变成什么样呢?

如果回想市场营销的两项核心工作"品牌"和"流量",最近15年新增的"战略合作""数字营销""大数据""社交媒体"和"黑客增长"其实首先拓展了我们在"流量"上的能力(当然对"品牌"也有一定帮助)。

从底层逻辑而言,外部环境的变化让我们可以"拓展"

更多的工具方法把"流量"和"品牌"做得更好。与此相对应,我们则需要新增有相关技能的子团队来操作这些工具方法。

2006年新增的战略合作团队、2008年新增的数字营销团队、2010年新增的社交媒体团队、2017年新增的微信KOL采购团队、2018年新增的黑客增长团队……未来,还会有其他子团队新加入进来,为了让我们拥抱时代变化、在流量和品牌这两件事上更有力量。

人数持续增多:为了更快和投入产出比更好?

除了新增子团队和调整他们之间的配合关系,市场营销团队的人数规模及其背后的思路也发生了很大变化。在人数上,很多全球500强的公司在中国区的市场部可能只有十几个人或二十几个人,因为他们会同时借助外部市场调研公司、广告创意公司、公关公司、媒体采购代理公司等的大量专业服务。但现在很多互联网+公司已经将市场营销中心的人数规模拓展到了超过50人、100人,甚至几百人。

市场营销团队的人数规模的扩充来源于两个原因:(1)为了更快!很多工作职能不再外包而是由企业内市场营销部自己干,因为外包服务的响应速度很难满足需求,尤其是对于那些互联网+的企业而言;(2)为了投入产出比更好!市场营销工作从花钱发展为"花钱"+"花人"。我们用下面三个团队的变化案例来说明上述观点。

　　第一个让市场营销团队人数有明显快速增长的是"地推团队"，虽然有很多地推人员是外包人员，但市场营销部内部还是需要很多地推人员的招募、培训和管理人员的。

　　而"创意设计"团队最初只在企业市场营销部外的广告公司内存在，为了更快的创意和设计的响应速度，企业市场营销部逐渐开始有了"创意设计"团队，最开始可能只是1个人或2个人用于少量的平面设计，同时花时间与广告公司的创意团队进行配合。这基本是传统广告时代的状态。但随着2008年数字营销的兴起，在今日头条和微信朋友圈等广告平台上的平面广告素材（广告图）需要每周、每天甚至数小时内就更新，因为更快响应和迭代能换来更好的（广告）投入产出比，所以企业市场营销部内不仅有创意设计团队，还需要一个"人力足够"的创意设计团队；并且随着2016年的抖音等视频力量的兴起，在平面设计师、H5设计师和动画插画设计师之外，有视频创意制作能力的设计师逐渐也被加入进来。我们观察了很多年度广告投放量级在数千万元人民币的公司（只能算中等量级的公司），他们的创意设计团队人数已经到了10人左右（或以上）的规模。然而在过去，这个人数可能都超过了一个完整的市场营销团队的规模。其背后有一个"把钱花在刀刃上"的逻辑：让足够的人力做出更有杀伤力的创意设计并高速迭代，难道不是在减少广告投放的"无效浪费"吗？

另外一个让市场营销团队人数急速扩张的是黑客增长团队，因为黑客增长团队的很多工作是手工活，需要铺上大量的人力，比如当企业同时需要管理几千个微信群的时候，背后需要多少微信群的运营管理人员！不同于以往的花钱，黑客增长团队其实是在把"花钱"变成了"花人"，因为如果只是花钱买流量进来，其转化率低，而通过黑客增长的"人工养鱼、再钓鱼"，会让转化率更高，也就是整体的市场花费投入产出比（ROI）靠黑客增长团队的人力成本投入变得更高了。

基于这个思路的变化，有些CMO已经与CEO商议好黑客增长团队、地推团队等团队的人员成本可以算进市场花费[1]，且这种"花人"类型团队的人数是无上限的，只要这些团队相对应的综合投入产出比是高于市场营销部整体平均值的。

所以，在面对市场营销团队的人数应该更多还是更少的问题上，唯一的判断标准是：有没有把资源花在刀刃上？我们可以更快吗？投入产出比可以更好吗？

---

[1] 几乎所有的企业都会把市场营销团队成员相关的人力成本（底薪、奖金和社保福利）算进公司的人力资源成本，而没有放进市场营销部的市场花费金额中。这一思路限制了CEO、CMO和人力资源部门负责人对市场营销部人数规模和人员成本合理性的评估。但如果把"必要"的市场营销团队成员的人力成本算进市场花费中，则更有助于做出有利于市场花费投入产出比的决策，并最终对公司整体的销售额和利润率指标有帮助。这是一个重大创新！

10.3 团队考核指标：三大指标、与销售团队"穿一条裤子"

市场营销团队和个人应该怎么被考核、扛什么指标？这是一个困扰、刺激了我20多年的话题。与之关联的经典问题：市场营销团队需要扛销售指标吗？为什么市场营销团队总是和销售团队"打架"，相互"甩锅"？为何每次公司考虑砍人砍钱，会更容易想到从市场营销团队动手？

我相信几乎所有营销人对此都有很多的苦恼、疑惑。但最近几年我感觉我的市场营销团队与销售团队配合得更好了，我们与CEO的心理距离也真的更近了，我的团队对业务增长的驱动能力更强了，并且我的团队成员的成就感和幸福指数也大幅提升了。这样的变化与我逐渐领悟了市场营销团队应该扛什么指标这个主题有非常大的关系！我的解决方案是：市场团队往"结果"这个方向多走一步，则海阔天空！那具体怎么做呢？

过往很多年，企业中的市场营销团队被考核的量化指标一直都"比较间接"和"比较软"，比如品牌认知度、品牌美誉度、市场占有率、产品组合和市场花费的投入产出比。非量化指标则包含做了多少重要的事情，比如多少个新产品发布、多少个整合营销活动、多少个公共关系事件及其做这些事情的品质等。

第十章　市场营销团队架构与考核指标

也正因为市场营销团队曾经"比较间接"和"比较软"的目标设定，让市场营销团队的成就感和职场幸福指数大打折扣，让市场营销与销售团队永远都有打不完的架："销售业绩好的时候，那是因为销售团队非常厉害，销售业绩不好的时候，那是市场营销团队花钱不利！"每当我们有企业现金流风险的时候，市场营销团队的人力编制和市场花费规模都被"优先"地放进缩减清单。

但最近10年，随着技术的发展，客户的全生命周期变得越来越可被追踪，也就是从客户接触广告到下单、到复购、再到推荐拉新等行为都可以被量化且无缝链接起来。市场营销团队做每一分钱的市场投入都可以链接到销售额、投入产出比（ROI）和利润指标，并且能追踪其中每个环节的转化率和成本。因此，市场营销团队开始更有能力对最终的销售和利润结果负责了。而对销售和利润负责曾经是销售部的长项，是市场营销部的短项，但却是CEO肩膀上的重要指标。

好的，关键点来了！潜客数量、销售额和市场投入产出比（ROI）这三项指标的组合被一些领先的互联网+企业用来作为"CMO和市场营销团队的三大考核指标"。这也是我本人在经历了多年的痛苦和挣扎后感悟、发起并在行业内推动的。上述三大指标组合的底层逻辑是：一是市场营销团队本来就已经对客户全生命周期及其对应的量化指标负责；二是市场营销团队已经更有能力也应该对销售和利润这样的结果指标负责。

我们来分解一下这三大指标组合的含义。首先，潜客数量作为市场营销团队的考核指标是最容易被理解和接受的。但如果市场营销团队只背这一个指标，必然会与销售团队有利益分歧。市场营销和销售团队必然在满足潜客数量的同时，在潜客的质量上面发生分歧。当销售团队的转化率不理想的时候，双方必然争议是否潜客质量不够好。这是每天都在各大企业上演的"宫斗剧"剧本。

【干货】

另外，客观而言，如果只负责潜客数量指标，因为数据驱动的原因，确实可能会让市场营销团队做出偏离兼顾质量的操作决策，比如搜索引擎广告的投放经理可以用以下的简便方法将获得每个潜客的成本降低（CPL降低）从而带来更多的潜客：大幅增加长尾关键词的数量、大幅增加长尾城市的覆盖数量等，而与此同时，潜客质量自然会存在很大风险。早些年乃至现在，确实非常多的企业的市场营销部只考核潜客数量这一个指标，但结果是市场营销和销售团队的争议无穷尽，甚至有的鸡犬不宁！

其次，市场投入产出比（ROI）作为市场营销团队的组合指标之一，这也是市场营销团队及公司管理层一直都比较认可的。我们就不赘述了。我们只在此强调，不能只考核市场投入产出比（ROI）这一项，比如，如果只考核ROI这一项，市场营销团队只用"以销售效果付费[1]"的广告购买方式搞来潜客名单，ROI就能达成目标，但非常可能会让销售团队的人均效能和公司的整体销量规模不达标，因为这一类的潜在客户质量通常较差，转化率也很低。转化率低意味着会拉低销售团队的人均产能，也会拉低公司的整体月度销售额。

最后，销售额指标最近也成为很多企业用来考核市场营销团队的重要指标之一，并且是部分CMO"往前走"的重要一步！毋庸置疑，销售额一直都是销售团队的考核指标。过往市场营销团队不直接扛销售额指标的原因是：市场营销团队的工作内容距离达成销售额还有若干个"最后一公里"的干扰，比如销售人员或销售网点的充裕程度、销售人员的跟进转化能力等。同理，销售团队的工作内容与最终达成销售之间何尝不是也隔了好多个干扰？比如，市场营销部推动的价格政策不对、促销政策弱于竞争对手、产品包装和产品组合不够好等。那为何销售团队能扛销售额指标呢？！所以，销售额指标最近

---

[1] "以销售效果付费"的英文翻译是CPS（Cost Per Sale）。"以销售效果付费"是一种广告购买方式，比如，在广告方（媒体）为广告主（企业）带来的潜客中，如果产生了人民币10000元的销售额，则企业支付给媒体10000元销售额的20%作为广告费（或佣金），即广告投入产出比是5。这个20%的比例是事先双方约定的，可以是任何值，但只要事先约定好，广告的投入产出比就是固定的。比较弱势的媒体会接受此种广告购买方式。与之相对应的，还有CPC（Cost Per Click），即按照广告点击付费的广告购买方式等。

也开始作为很多CMO和市场营销团队的关键指标之一了，尤其是在互联网+的企业中。

我们再来个刺激的"小挑战"吧：过去很多年，我们的高管层都在讨论，如果企业的CEO只对一个指标负责，那应该是"利润指标"；如果销售负责人（CSO）只对一个指标负责，那应该是"销售指标"，如果CMO只对一个指标负责，那应该是什么呢？考虑到市场营销工作的复杂性，只用一个指标来考核CMO和市场营销团队是对的吗？我个人认为答案是：不能只考核CMO和市场营销团队一项指标，而应该是一项指标的组合，比如前面提到的三大指标的组合：潜客数量、销售额和市场投入产出比（ROI），如果只选其中一个来考核CMO，必然导致市场营销团队的行为出现偏差。

如果认同用潜客数量、销售额和市场投入产出比（ROI）这三项指标的组合作为考核指标，那到底怎么组合呢？我们可以分别给予这三个指标权重，比如每个指标的权重都是大约33%，这样会让团队在行为上没有偏移，也能让公司获得一个相对平衡的结果。按照各自大约33%的权重，三个指标加权算出的综合达成率就是总体达成率了。

那么具体的计算方法是怎样的？综合达成率=潜客数量达成率×34%+销售额达成率×33%+市场投入产出比达成率×33%。CMO从这个综合达成率的计算公式就可以看出自己不能"偏心"，而应该均衡发力。当然我们可以根据企业自身

第十章 市场营销团队架构与考核指标

情况和发展阶段,将100%在这三个维度上进行适宜自己的拆分。

对于CMO而言,潜客数量、销售额和市场投入产出比这三项对应的目标和结果数值自然是全公司级别的总数。而对于每个下级团队负责人和成员,则该三个指标对应的目标和结果数值是经过拆解到他们每个子团队和个人"肩膀上"的数值。所以CMO代表整个市场营销部可以有一个"总体综合达成率",同时每个子团队负责人和个人都可以有一个"下一级综合达成率",只要我们事先将市场营销部所担当的"总潜客数量""总销售额"和"总市场投入产出比"拆解给相应子团队和个人[1],这个拆解背后的逻辑与销售团队类似。

最后,市场营销团队的工作一半是技术活,一半是艺术活;一半做流量,一半做品牌;一半的贡献是可量化的,一半的贡献是不可(马上)量化的;相比较于其他岗位职能,市场营销团队要扛的考核指标一直都存在很大的争议。有智慧的CMO正在"往结果走一步"以破局,让市场营销团队与销售团队"穿一条裤子",并尽量与CEO的终极结果目标接近。

---

[1] 市场营销部内大部分的子团队和个人都与"流量"相关,"流量"天然能与潜客数量、销售额、投入产出比挂钩,所以可以比较清晰地将市场营销部担当的"总潜客数量""总销售额"和"总市场投入产出比"拆解到每个流量型子团队和个人的头上。但品牌型团队的工作不能与此三指标直接挂钩,需要为他们设计其他的考核指标,比如与工作量和工作品质挂钩的指标。

■ **本章要点**

市场营销管理的八大经典模块其实已经框定了市场营销团队的工作内容，这些工作内容其实决定了市场营销团队在岗位和组织架构方面的需求。市场营销团队内至少包含以下10多个可平行汇报给市场营销负责人的子团队或者工作职能：（1）市场洞察、（2）品牌、（3）公关关系、（4）数字营销、（5）传统广告、（6）大数据（含客户关系管理CRM）、（7）创意设计、（8）黑客增长；快消零售企业也有（9）零售（Retail）；当然，非常多的企业还有（10）战略合作（异业合作）和（11）地推，并且从传统的公共关系团队内独立出了（12）社交媒体。

每个企业可以根据自己的情况将上述这些子团队和职能加以整合或者微调名称。无论怎么设置子团队，都是为了通过"专业协同"做出更好的"品牌"和"流量"——市场营销工作的两个核心职能！

市场营销团队其实是一个由很多工种的"工匠"集合的部门，过往20多年，市场营销团队内的工种和人数规模方面发生了很大的变化，其背后的主要推手有：整合营销传播领域的创新、很多工作内容不得不从外包转向自己干、市场投入的思路从"花钱"转向"花钱+花人"等。最后检验市场营销团队的团队架构、岗位和人数设置是否合理的唯一标准是：有或者没有这个岗位和职能，公司的销售业绩会不会更好？市场投

第十章　市场营销团队架构与考核指标

入产出比会不会更好？CMO最好能量化地回答这些问题！

潜客数量、销售额和市场投入产出比（ROI）这三项指标的组合被越来越多领先的互联网+企业作为"CMO和市场营销团队的三大考核指标"。市场营销团队的工作一半是技术活，一半是艺术活；一半做流量，一半做品牌；一半的贡献是可量化的，一半的贡献是不可（马上）量化的；相比较于其他岗位职能，市场营销团队要扛的考核指标一直都存在很大的争议。但有智慧的CMO正在"往前走一步""往结果走一步"以破局，让市场营销团队与销售团队"穿一条裤子"，并且尽量与CEO的终极结果目标无限接近。

■ 本章思考

1. 市场营销团队通常包含哪些子团队？哪些子团队可以考虑合并，为什么？
2. 市场营销团队应该被考核哪些指标？为何不能只考核"潜客数"这一个指标？
3. 市场营销团队的思路为何从"花钱"转向"花钱+花人"？
4. 市场营销团队应该扛销售指标吗？
5. 为何市场营销团队和销售团队经常"打架"？终极解决方案是什么？

附录一 市场营销专业词汇清单(中英文对照)

市场营销相关专业词汇是营销人之间的共同语言。因为市场营销的经典理论基本都来自于欧洲和美国,所以营销人经常会将英文和中文混杂描述。花几十万到世界级商学院积累的关键市场营销专业词汇都放进了下列清单。

英文(原文)	中文(翻译)	所属专业模块	常用指数	高手必备
marketing strategy	市场营销战略	市场营销管理全局	高	是
marketing plan	市场营销计划	市场营销管理全局	高	
marketing spending	市场花费	市场营销管理全局	高	
marketing expenditure	市场花费	市场营销管理全局	低	
market research	市场调查	市场洞察	高	
marketing insight	市场洞察	市场洞察	高	是
qualitative research	定性调查	市场洞察	低	
quantitative resesarch	定量调查	市场洞察	低	
competitors	竞争者	市场洞察	高	
competion	竞争	市场洞察	高	
direct competitors	直接竞争对手	市场洞察	中	
indirect competitors	间接竞争对手	市场洞察	中	
segmentation	市场细分	客户细分	中	
targeting	目标市场选择	目标客户选择	中	
target audience	目标客户	目标客户选择	高	
positioning	定位	定位	高	是
differentiation	差异化	定位	低	是
differentiated	被差异化的	定位	低	是
perception	感知	定位	低	是
perceptual map	感知图	定位	低	
brand	品牌	品牌	高	
brand value	品牌价值	品牌	高	是
emotional value	情感价值	品牌	中	是

(续)

英文（原文）	中文（翻译）	所属专业模块	常用指数	高手必备
functional value	功能价值	品牌	中	是
marketing mix	市场营销组合	市场营销组合 4P	中	
product	产品	市场营销组合 4P	高	
price	价格	市场营销组合 4P	高	
pricing	定价	市场营销组合 4P	中	
place/channel	渠道	市场营销组合 4P	高	
promotion	促销	市场营销组合 4P	高	
integrated marketing communication	整合营销传播	整合营销传播	高	是
advertising	广告	整合营销传播——广告	高	
digital marketing	数字营销	整合营销传播——数字营销	高	
public relations (PR)	公共关系	整合营销传播——公关	高	
sales promotion	销售促销	整合营销传播——销售促销	高	
conversion rate	转化率	广告投放	高	是
CPM	按曝光付费	广告投放	高	
CPC	按点击付费	广告投放	高	
CPD	按天数付费	广告投放	高	
CPA	按注册收费	广告投放	高	
CPS	按销售结果付费	广告投放	高	
CPL	每个潜客成本	广告投放	高	
Click rate	点击率	广告投放	高	
CTR	点击通过率	广告投放	高	
hacking growth	黑客增长	黑客增长	高	是

附录二 十个重要而常用的市场营销模型

模型一 市场洞察相关：PEST模型，用来分析"宏观环境"

PEST由英国学者格里·约翰逊（Gerry Johnson）和凯万·斯科尔斯（Kevan Scholes）于1999年提出。PEST被用来分析世界与国家的宏观环境，覆盖政治与政策（Political）、经济与行业（Economic & Industry）、社会与消费者（Social & Consumer）和技术与产品（Technology & Product）四个方向。我们可以在每个框内放入文字和数字描述。简单说，PEST模型告诉我们：现在和未来的宏观环境适合我们做的生意吗？

Political 政治与政策	**T**echnology & Product 技术与产品
Economic & Industry 经济与行业	**S**ocial & Consumer 社会与消费者

模型二 市场洞察相关：波特五力模型，用来分析"行业"

波特五力模型由迈克尔·波特（Michael Porter）于20世纪80年代提出。波特五力模型认为行业中存在着决定竞争规模和程度的五种力量，这五种力量综合起来影响着产业的吸引力以及现有企业的竞争战略决策。五种力量分别是：（1）同行业内现有竞争者的竞争能力；（2）潜在竞争者进入的能力；（3）替代品的替代能力；（4）供应商的讨价还价能力；（5）购买者的讨价还价能力。简单说，波特五力模型让我们看清在此行业中的生存空间、机遇和风险；同时，特别重要的是判断未来的竞争对手是谁，且这个对手会让自己难以招架吗？

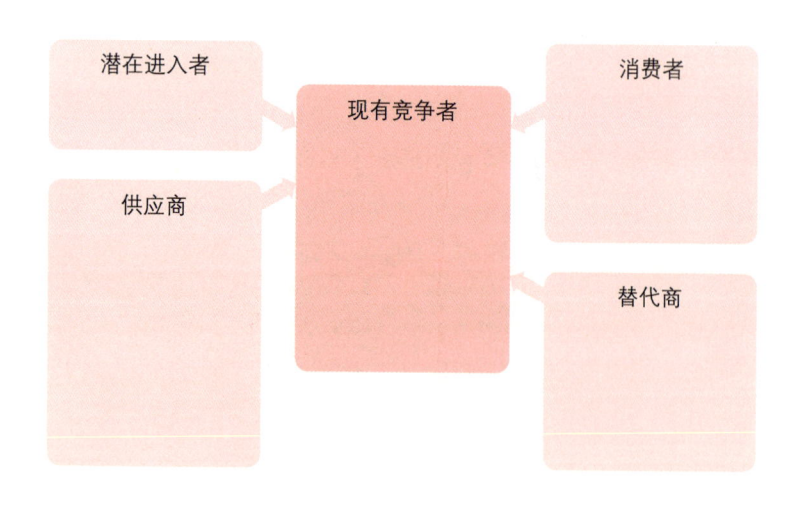

模型三　市场洞察相关：SWOT模型，用来分析自己和竞争者

SWOT模型即态势分析法，20世纪80年代初由美国旧金山大学的管理学教授海因茨·韦里克（Heinz Weihrich）提出。SWOT模型被用来分析竞争对手与自己的优劣势、机会与挑战。优劣势分析主要是着眼于企业自身的实力及其与竞争对手的比较，而机遇和威胁分析将注意力放在外部环境的变化及对企业的可能影响上。通过SWOT模型分析，可以帮助企业把资源和行动聚集在自己的强项和有最多机会的地方，并让企业的战略变得明朗。简单说，SWOT模型帮我们分析如何扬长避短、抓住机遇打败对手。

Strength 优势	Opportunity 机遇
Weakness 弱势	Threat 威胁

模型四　市场洞察相关：竞争者模型，用来鸟瞰"竞争者"

竞争者模型，由胡超（本书作者）于2010年提出。竞争者模型被用来鸟瞰直接竞争对手、间接竞争对手、替代者和潜在进入者。在融资商业计划书（Business Plan）、市场营销战略和市场营销计划中，这个模型经常被用到，甚至是必用。我们只需在每个类别中放入竞争对手们的品牌标识。简单说，<u>竞争者模型让我们看清楚在近距离和远距离范围内有哪些竞争对手</u>。

竞争对手

潜在进入者　替代者　间接竞争对手　直接竞争对手

模型五　市场洞察相关：用户画像模型，用来具体描述"目标客户"

用户画像（Persona）模型（见下页图）让我们从背景和行为的各个方面对"一个客户"进行描述。这"一个客户"其实代表的是"一类客户"。我们需要描述他的年龄、学历、职业、兴趣爱好、婚姻状况、子女状况、上网习惯、上下班时间、每日交通方式、喜欢看的书籍和电影、收入金额、旅游偏好、人生的目标和挫败……这样帮助我们非常"真实"地感觉到一个"人"！为了让我们有真实的场景感，我们甚至需要为他取一个名字、给一个头像。简单说，用户画像模型让我们真实、具体、生动、有场景感地感受到目标客户的模样。

给客户取一个名字

基本背景（DEMOGRAPHICS）：
- 年龄
- 学历
- 婚姻状况
- 家庭成员、孩子情况
- 其他

工作（JOB）：
- 职业、收入
- 上下班时间
- 上班地点、上下班交通工具
- 其他

阅读、学习（READING AND STUDY）：
- 在哪里阅读
- 阅读什么
- 信息搜索渠道
- 其他

生活（LIFE STYLE）：
- 健身、健康
- 美食
- 旅游
- 其他

其他对描述目标客户重要的维度：
- ……
- ……

展现客户生活与工作中常使用、常接触、偏好的那些品牌标识

展示客户的一张代表性照片

模型六　定位相关：定位脑图，用来拆解"一语中的"的三要素

定位脑图，由胡超（本书作者）于2010年提出。定位脑图被用来巧妙地表达并拆解定位需要涵盖的"我们是谁""我们做什么"和"我们有何不同"这三要素。并且在图中我们能看到自己的竞争对手都是哪些，也即参照物品牌是哪些。这个工具在市场营销战略和市场营销计划中经常会被用到。当我们将这个定位脑图展示给CXO和内部市场营销团队的时候，大家能非常形象地感受到：在客户心智中，相对于众多竞争参照物（品牌），我们要占领的那个差异化的位置是什么。定位的"一语中的"是对外的，比如将其放在广告中。而定位脑图是用于对内的沟通工具。定位脑图的制作包含两步：首先，把竞争参照物（品牌）和自己的品牌放进脑图中；然后，分别极简回答"我们是谁""我们做什么""我们有何不同"这三个要素。

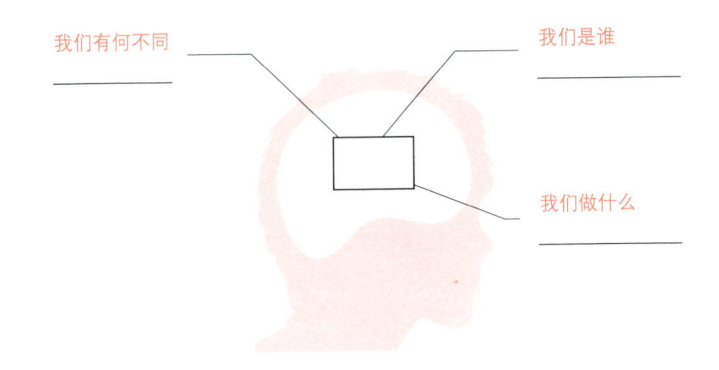

我们有何不同　　　　　　　　　我们是谁

我们做什么

模型七　品牌相关：品牌价值图，用来规划承诺、功能价值和情感价值

品牌价值图由英国伯明翰大学教授莱斯利·德·切尔纳托尼（Leslie de Chernatony）于2002年提出。品牌价值图在市场营销战略和市场营销计划中经常被用到，它帮助我们把品牌的"承诺""功能价值"和"情感价值"拆解放进一个完美结构里面，然后我们依此规划发力点：不仅仅是"什么功能价值"，应该更聚焦推动"什么情感价值"。所有的品牌都可以提炼得出"承诺""功能价值"和"情感价值"，无论它处于什么行业、什么品类，甚至无论是高端还是中低端（并非高端产品才有情感价值）。

功能价值

承　诺

情感价值

模型八　市场营销组合相关：市场营销组合4P

4P理论由美国密歇根大学教授杰罗姆·麦卡锡在20世纪60年代提出。最初的模型图中只有产品、价格、渠道和促销，后来英国特许市场营销协会的课件将其进行了迭代：品牌的"承诺"放在了"靶心"的位置。这个图的精髓是一眼看清市场营销组合的4P分别是什么，并且它们的使命是合力兑现处于"靶心"位置的那个品牌"承诺"。

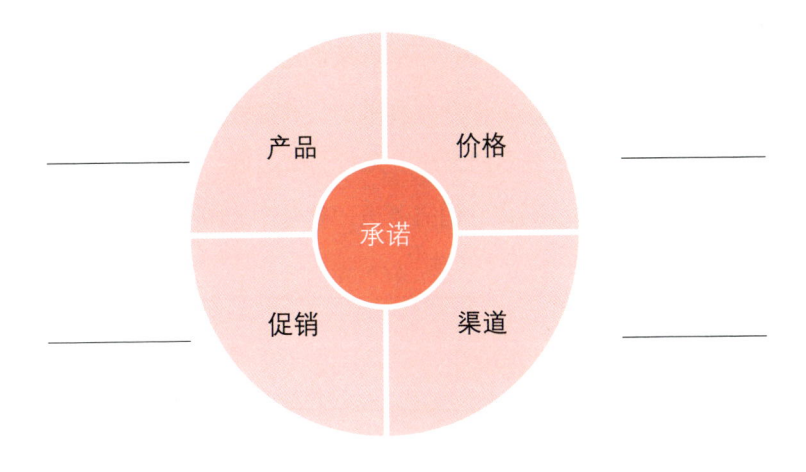

模型九　整合营销传播相关：整合营销传播的原始模型

整合营销传播理论及原始模型由美国西北大学教授唐·舒尔茨于20世纪80年代提出。整合营销传播的原始模型让"到底整合什么"和"为什么需要整合"这两个问题的答案一目了然。非常神奇，这个原始模型似乎已经失传于江湖了，在谷歌和百度上都很难找到；几乎所有营销人都听说过整合营销传播，但很少有人能画得出这个原始模型。现在谁要是能在市场营销战略会的白板上随手画出这个图，那他一定是高手中的高手。此原始模型是一个理论模型，不能直接被用于实操，可被用于团队内部的沟通以帮助大家深度理解整合营销传播的原理和必要性：四类沟通工具在不同客户决策行为阶段的"传播能力和效果"有很大差异，所以它们需要被"整合"运用在不同阶段！

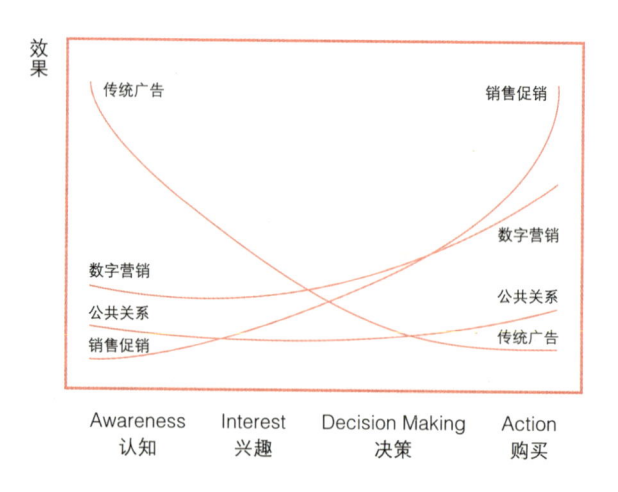

效果

传统广告　　　　　　　　　销售促销

　　　　　　　　　　　　　数字营销

数字营销
公共关系　　　　　　　　　公共关系
销售促销　　　　　　　　　传统广告

Awareness　Interest　Decision Making　Action
认知　　　　兴趣　　　决策　　　　　　购买

模型十 整合营销传播相关：整合营销传播的迭代模型POES

POE模型由宝洁公司于2013年前后提出。POE包含付费媒体（Paid Media）、自有媒体（Owned Media）和赚得媒体（Earned Media）。2014年，胡超（本书作者）将POE迭代升级为POES。S代表销售平台（Sales Platform），是所有线下和线上的销售场景，包含传统线下实体店，线上的天猫店、淘宝店、微店、社群销售（微信群和QQ群）等。S甚至包含驱动客户重复购买和老客户带新客户的工具和平台。POES模型被营销人公认为"JOE's POES 模型"。此迭代升级背后的驱动力是：在互联网+的环境下，市场营销的所有行为都很自然地能与销售行为连在一起，并且客户本来就是在接触到付费媒体、自有媒体和赚得媒体后被"拉进"了销售砍单环节。在未来若干年内，POES模型可能都是最有实用价值的整合营销传播的实战模型。

在三年市场营销战略和当年市场营销计划中，如果展示唐·舒尔茨的原始模型，CXO和同事们一定觉得你只讲了"大道理"而已，距离实操太远；但如果用的是POES模型，不仅讲了大道理，其实也说了到底怎么干！利用POES模型，你可以布局几乎所有的市场人力和市场预算资源。在以下模型图的基础上，你在每个类别中增加删减适合于本企业的传播渠道与销售渠道项，则可完成此模型的制作。

Paid Media
付费媒体

认知

- 传统广告——户外大屏广告
- 传统广告——地铁/公交车身广告
- 传统广告——电梯广告
- 传统广告——电台广告
- 传统广告——电视广告
- 数字营销——搜索引擎广告
- 数字营销——信息流广告
- 数字营销——短视频广告
- 数字营销——KOL文章广告
- 数字营销——网络电视广告

广告监测：
曝光数、点击数等

Owned Media
自有媒体

兴趣

- 官方网站（手机端/电脑端）
- 官方App
- 官方微信号
- 官方微博号
- 官方头条号
- 官方抖音号
- 官方B站号
- ……

客户互动以塑造信任和转化率

官网/App监测：
浏览人数、浏览页面数、停留时长、跳出率等

Earned Media
赚得媒体

评论分享　二次传播

- 公关软文/活动
- 微信/微博上的评论与转发
- 论坛
- 百度知道
- 百度贴吧
- 知乎
- ……

社交媒体监测：
发帖数、评论数、转发数等

Sales Platform
销售平台

购买　　忠诚

- 线下实体店　重复购买
- 天猫店　　　老带新
- 淘宝店
- 微店
- 呼叫中心
- 代理商体系
- 社群销售（QQ群、微信群）
- ……

销售监测：
销售数量、销售金额、转化率、投入产出比等

后　记

沉默了20多年后，我终于提笔完成了《极简市场营销》！

不久前，我为之战斗过并曾担任市场营销第一负责人的TutorABC被平安集团收购、溢米辅导被精锐教育收购。2020年，我刚从在线英语和在线学科辅导的战场下来，在进入下一轮大战的间隙，终于有机会稍事休整，并抓紧时间完成了本书。

感谢零点有数的创始人袁岳先生让我从欣赏"点子大王"转而走上了探究市场营销（Marketing）的大道。非常巧合，市场洞察相关的岗位是我市场营销职业生涯的起点，而市场洞察也恰恰是所有市场营销工作的起点。

感谢我在英国伦敦政治经济学院和伯明翰大学的学习经历，让我有机会接触到市场营销领域最源头的理论家和实干家、接触到最经典而完整的体系，给了我对市场营销的全局观和自信，并且为我永久打开了一扇门——通往市场营销的过去、现在和未来的那一扇门。

感谢菲利普·科特勒、杰罗姆·麦卡锡、艾·里斯、杰克·特劳特、唐·舒尔茨、维克托·迈尔-舍恩伯格和肯尼思·库克耶、肖恩·埃利斯和摩根·布朗。他们是"市场营销管理""市场营销组合4P""定位""整合营销传播""大数据""黑客增长"方面的经典理论的发起人。他们共同奠基了由市场营销管理八大模块构成的"完整体系",并且他们还各自持续多年专注于推动自己专长的领域。其中,菲利普·科特勒的《营销管理》让我开始有能力站在"山顶"上看市场营销管理的全局;唐·舒尔茨的《整合营销传播》让我有能力把控过去20多年50亿元的市场花费(掌控市场花费是最难的基本功)。2020年6月4日,我正在撰写第七章整合营销传播的这一天,整合营销传播理论的创始人唐·舒尔茨于美国离世。我在此向唐·舒尔茨先生本人和他的卓越贡献致敬!

感谢固特异(中国)的Katherine Hsu和高锦桥女士,她们让我升起了对市场营销专业和对人生的敬畏心与使命感,并发大愿。感谢Joanna Burke、Patrick Horgan、Matt Burney、Eda Colbert,他们是前任和现任的英国驻中国大使馆文化参赞和英国文化教育协会的全球市场营销负责人,他们是我的直属领导和朋友,他们让我理解和相信市场营销不仅适用于商业领域,也适用于国家。

感谢TutorABC的杨正大博士、溢米辅导的李晓峰老师和精锐教育的张熙博士。他们让我有幸与优秀团队并肩作战，亲身经历了发生在教育行业的大战，也是最近数年内中国市场上最经典、最激烈、可载入史册的市场营销大战。

感谢过往20多年的市场营销实战中，与我朝夕相处、并肩战斗的兄弟姐妹们！我不仅要求他们胸怀完整体系、手握落地打法，还在每一天的日常工作中额外鞭策他们具备"文字洁癖、数字洁癖、视觉洁癖、流程洁癖和道德洁癖"这样的营销人基本素养。感谢大家对我的信任和包容。

感谢本书的顶级策划团队布克加BOOK+的王留全老师、叶赞老师、余燕龙老师和李俊佩老师对我的信任和激励。感谢四位老师在本书的策略、结构和文字各环节严格把控的专业态度。"行文结构化"和"是什么、为什么、怎么做"是我们过去几个月讨论与激辩的重点。他们的专业支持让本书的核心内容"完整体系"和"落地打法"上升到超乎我最初预期的品质高度。

最后，特别感谢我的父亲、母亲、妻子Tara在我过去数十年的求学和工作中给予我最大限度的理解和支持。即使是在我自己都不确定和踌躇的最困难时刻，他们都给予我毫无保留的信任和鼓励。最最后，特别感谢我的妻子Tara给予我完成本书的力量：一杯清茶、一个书桌和满眼的鲜花。

图书在版编目（CIP）数据

极简市场营销 / 胡超著. -- 北京：北京联合出版公司，2021.3（2025.7重印）
ISBN 978-7-5596-4659-0

Ⅰ.①极… Ⅱ.①胡… Ⅲ.①市场营销学—通俗读物 Ⅳ.①F713.50-49

中国版本图书馆CIP数据核字（2020）第203471号

Copyright © 2021 by Beijing United Publishing Co., Ltd.
All rights reserved.
本作品版权由北京联合出版有限责任公司所有

极简市场营销

胡超 著

出 品 人：赵红仕
出版监制：刘 凯　赵鑫玮
选题策划：山顶视角
策划编辑：王留全　李俊佩　叶 赞　余燕龙
责任编辑：云 逸
封面设计：王喜华
内文排版：薛丹阳

北京联合出版公司出版
（北京市西城区德外大街83号楼9层　100088）
北京联合天畅文化传播公司发行
北京美图印务有限公司印刷　新华书店经销
字数172千字　889毫米×1194毫米　1/32　9.25印张
2021年3月第1版　2025年7月第18次印刷
ISBN 978-7-5596-4659-0
定价：68.00元

版权所有，侵权必究
未经书面许可，不得以任何方式转载、复制、翻印本书部分或全部内容。
本书若有质量问题，请与本公司图书销售中心联系调换。电话：（010）64258472-800